Reinhard Lier

Augenblicke des Erwachens

Ich kann nichts Wichtigeres und Größeres für dich tun,
als dich in deiner persönlichen Freiheit zu respektieren
und zu würdigen und dir diese Freiheit,
die zarte, demütige Stimme deines
individuellen, göttlichen Selbst,
bewußtzumachen. Darin
empfinde ich Liebe.
Möge sie mir für
dich gegeben
werden,
und
möge ich
von dir empfangen,
was diese Liebe in dich
für mich hineingelegt hat!

Reinhard Lier

Augenblicke des Erwachens

Wahrnehmungen auf dem Weg
in die Liebe

Reinhard Lier:
Augenblicke des Erwachens
Wahrnehmungen auf dem Weg
in die Liebe

1.Auflage 1992: 1. bis 5. Tausend
Copyright
LIER VERLAG
Wege zur Wahrnehmung - Chance im Sein
Alle Rechte vorbehalten

LIER VERLAG
Max-Hildebrandt-Str. 38
D-7560 Gaggenau 15
Fax: 07204-8522

Satz & Gestaltung: Reinhard Lier
Lektorat: Jürgen Herrmann
Druck: Naber, Hügelsheim
ISBN 3-929240-02-5

Es empfiehlt sich, dieses Buch im Zusamenhang zu lesen,
da ein Teil auf dem anderen aufbaut.
Zur Information: Wenn ich in meinen Ausführungen von Gott in
der 3.Person oder dem >Herrn < spreche, so geschieht dies fast
immer mittels fortlaufender Großschreibung: ER, IHM; der HERR.

Danken möchte ich für die vielen hilfreichen Anregungen,
insbesondere von Jürgen Herrmann, Erich Splittstoesser, Peter Miller,
Gabriele Romahn, Angelika Wessels, Reinhard Jung,
Karl Theodor Wiek, Elisabeth Pätzold, Karl-Dietrich Wilske,
Dr.Hans-Friedrich & Christine Luchterhandt und Dagmar Ruth Becher.
Nicht vergessen möchte ich die Hilfen meiner Eltern,
Dr.Werner & Gisela Lier.

Inhaltsverzeichnis

Ich glaube an die Macht der Liebe,
an jene Macht der Einheit,
die alle Gespaltenheit
und allen Zweifel überwindet,
die jenseits steht von Gut und Böse,
die ich nicht fassen kann mit meinem Denken,
die sich mir schenken will in meinem Herzen,
wenn ich den Kampf mit meinem Schatten aufgegeben
und mich versöhnt mit meinem dunklen Schein,
dann wird sie mich erfüllen und verwandeln,
und ich erfahre: Es gibt nur Liebe.

Vorwort

Dieses Buch stellt den Versuch einer schlichten Unmöglichkeit dar. Wer etwas Außerordentliches, Wunderbares in sich erfahren hat, der wird geneigt sein, es anderen Menschen mitzuteilen. Doch dies, so erkenne ich immer mehr, ist nicht möglich. Das Entscheidende, Letzte ist nicht mitteilbar. Jeder kann es nur für sich und vor allem *in sich* erfahren. Wahrhaftiges Leben läßt sich nicht in Worte fassen, die einzig nur Gefäße für einen Inhalt bilden können. Unser aller Chance besteht im schlichten, echten Sein. Die Haben-Mentalität unserer Zeit läßt diese Wahrheit wie eine Idiotie erscheinen, denn für den schlafenden Menschen gilt der Satz "Hast du was, dann bist du was".

Hier aber geht es noch nicht einmal darum, *etwas* zu sein. **Zu sein** wäre genug - wäre viel, ja alles! Der erwachende Mensch beginnt, sich selber im bloßen Sein zu entdecken. Er geht den Weg der bewußten Entwicklung - er verläßt seine persönliche Verwicklung und erlebt Befreiung von den irrtümlichen Vorstellungen seiner Seele. Unsere Gedanken- und Gefühlsgefängnisse zu verlassen und neue Räume der schöpferischen Freiheit zu betreten, das wäre wirklicher Dienst an der gesamten Schöpfung, das würde uns jene Sphäre erfahren lassen, die mit Begriffen wie "Gott", "Geist" oder "Liebe" beschrieben werden kann.

Dieses Buch kann nur ein bescheidener Versuch einer Hinführung zum oben angedeuteten Bereich sein. Mehr will es auch nicht vollbringen, denn die eigene Entdeckung kann und darf niemandem abgenommen, ja genauer, *weggenommen* werden. Sie ist und bleibt das Vorrecht des einzelnen Menschen. Nur das, was wir selber finden und als Edelstein im Hause unseres Bewußtseins einbauen, nur das führt zu einem gegründeten, wahrhaftigen Leben aus der Mitte heraus. Alles andere bleibt angelesene Theorie, die uns in den Stürmen der seelischen Wandlung nicht weiterhelfen wird. Leben ist immer anders, als Bücher es je darstellen können. Denn jeder Mensch soll und darf sein einmaliges, individuelles Sein verwirklichen.

Die Basis dieses Seins bildet eine klare, ehrliche Wahrnehmungsfähigkeit. Der schlafende oder in diesem Sinne betäubte Mensch nimmt weniger wahr als der seelisch-geistig erwachte. Wir brauchen eine erweiterte, liebende Wahrnehmung, die sich der Innen- wie der Außenwelt bewußt zuwendet. Hier setzt die tägliche praktische Übung ein. Dabei muß betont werden, daß ein Buch den direkten menschlichen Austausch im Miteinanderlernen nicht ersetzen kann. Nichts geht über die Begegnung zweier oder mehrerer Individuen. Denn dort kann sich Seelisch-Geistiges offenbaren und somit Leben ereignen. Dies ist mir durch die vielen Begegnungen mit Weggefährten klargeworden. Ein Buch mag Impulse geben - die notwendigen Schritte kann nur ein jeder selber tun.

In diesem Sinne wünsche ich mir in der persönlichen Begegnung eine praktische Weiterführung dieses Buches. Im Rahmen meiner Heilpraktiker-Tätigkeit besteht die Möglichkeit, in Einzel- oder Gruppengesprächen Erfahrungen auszutauschen und praktische Schritte gemeinsam zu tun: zum Beispiel die Erfahrung der Stille, des meditativen In-sich-Hineinhorchens. Erlebte Übung bringt mehr als alle graue Theorie. Wer mit mir gemeinsam den Weg zur verborgenen Lebensquelle im eigenen Inneren finden möchte, mit dem trete ich gern in einen wahrhaftigen Austausch.

Reinhard Lier   Freiolsheim, den 18.03.92

Dem Leben begegnen

Es sei denn, daß jemand von neuem geboren werde
aus Wasser und Geist,
so kann er nicht in das Reich Gottes kommen.

(Jesus zu Nikodemus; Joh.3,5)

Wahre Worte schmeicheln nicht.
Schöne Worte überzeugen nicht.
Echte Menschen blenden nicht.
Blender sind nicht echt und wahr.
Weise Menschen sind keine Vielwisser.
Vielwisser sind keine Weisen.
Wer den Weg der Vollendung geht, sammelt keine Schätze;
ihm ist Besitz, was er für andere tut;
je mehr er sich verschenkt, desto mehr wird ihm.
Wie aus dem Unergründlichen das Leben quillt,
ohne zu schaden,
so wirkt der Weise, ohne zu verletzen.

(Lao-tse, Tao Te King, Kap. 81)

Leben ist, um mit den Worten Martin Bubers zu
sprechen, *Begegnung*. Für mich ist es Begegnung
mit Gott,
mit mir selber
und mit den Menschen.

Diese drei Ebenen der Begegnung bilden die Grundlage
für den gesunden Wachstumsprozeß des Menschen. Sie
bringen die körperliche, seelische und geistige Dimension
des Lebens zum Ausdruck. Ich will dabei die Begegnung

mit dem Tier-, Pflanzen- und Mineralreich nicht vergessen.

Im folgenden Teil soll es darum gehen, zu einer möglichst klaren Begriffsbestimmung und, als verdeutlichendes Hilfsmittel, zu einer Bild- oder Modellschaffung zu gelangen. Ich will versuchen, zunächst ein Basismodell der Dreiheit des menschlichen Wesens von Geist, Seele und Körper zu entwickeln. Mir ist klar, wie schwierig und unzulänglich sich solch eine Modellentwicklung gestaltet, handelt es sich doch immer nur um Symbole, die nie das Leben selber sind. Und doch kann so ein Modell manche Zusammenhänge verdeutlichen und überschaubarer machen. Es ist wie mit dem Kennenlernen einer unbekannten Stadt: Ich kann von Straße zu Straße all das Neue auf mich einwirken lassen und nehme es gefühls- und gedankenmäßig auf. Irgendwann beginne ich nach übergeordneten Strukturen zu suchen, frage nach den Zusammenhängen der verschiedenen Gebäude, Straßen und Plätze, um besser das Wesen dieser Stadt in seiner strukturellen Ganzheit zu erfassen. Mir hilft dann ein Stadtplan am besten weiter: Plötzlich habe ich einen Überblick, und die Stadt beginnt sich in meinem Inneren abzubilden. Bin ich dann ganz woanders, kann ich einem Suchenden aus der Ferne diese Stadt aufgrund meiner persönlichen Stadterfahrung (denn ich habe sie mir ja "erfahren" oder "erlaufen") und dem inneren Strukturbild genau beschreiben.

Der Mensch ist und bleibt ein vielschichtiges, schwer ergründbares Wesen, doch liegt im Bemühen ehrlicher Selbsterkenntnis die Chance, unsere Beziehung zu Gott, zu uns selber und dem Mitmenschen liebevoller zu gestalten. Wir haben, mythologisch gesprochen, vom Baum der Erkenntnis gegessen. Dieser Schritt hat uns in die kalte Wirklichkeit des Todes, in die Vergänglichkeit geführt. Doch ist die Begegnung mit dem Tod nur eine Seite in unserem seelischen Erleben. Dicht daneben, ja darin, offenbart sich grenzenloses Leben: das Wesen Gottes. Nur dieses ewig seiende Leben kann uns von den Irrtümern der Erkenntnisfrucht befreien. Wir brauchen nur das wärmende Licht der Sonne zu suchen, um die irrtumsreiche Erkenntnis des kalten Mondenscheins zu überwinden. Das Sonnenlicht ist Mensch geworden: In Jesus Christus steht es uns in der Fülle gegenüber. Bitten wir IHN an erster Stelle um SEINE Liebe, so wird uns SEINE Weisheit hinzugegeben werden!

Möge Jesus Christus uns nun in die inneren Welten geleiten, auf daß SEIN Licht unser menschliches Wesen erleuchte! Mit zunächst kleinen Schritten wollen wir den Weg beschreiten.

Da entdecke ich, vereinfacht gesprochen: Ich bin Bewohner zweier Welten, einer äußeren, körperlich-materiellen und einer inneren, seelisch-geistigen Welt. Es ist nur eine Frage der bewußten Wahrnehmung, inwieweit mir diese beiden Welten zugänglich sind.

Die meisten Menschen leben fast ausschließlich (bis auf das Traumerleben im Schlaf) in jener äußeren, materiellen Welt, in der Begriffe wie Leistung, Erfolg, soziales Ansehen, Freizeit, Unterhaltung und gutes Essen große Bedeutung haben. Sie beziehen ihre Energien und ihren Lebenssinn aus der äußeren Welt, in der es immer möglichst dramatisch und spannungsreich zugehen muß - je mehr "Action" und Trubel, desto besser. Stille und ein äußeres Nicht-Handeln erwecken Unbehagen und verstärken nur die seelische Unruhe. Die Innen- oder Seelenwelt (die geistige Dimension soll später beleuchtet werden) bewußt in ihren Regungen wahrzunehmen, dies fällt dem heutigen Menschen meist sehr schwer. Von äußeren Reizen überflutet, nimmt er seine Gedanken und besonders die Gefühle kaum noch wahr. Und doch tauchen hier und da Erfahrungen auf, die nachdenklich stimmen müßten:

Eine ältere Dame erzählte mir vom Tod ihrer Freundin, die sie bei der Beerdigung sehr nah bei sich spürte. Dann wurde diese Dame sogar gedanken- und gefühlsmäßig von dieser Freundin wie zu Lebzeiten bedrängt, so daß sie angst-erfüllt die Wohnung der Verstorbenen verließ. Eine innere Wahrheit von jener anderen Welt begann in ihr mit dieser Erfahrung aufzusteigen, doch mit rationalen Erklärungen ("Mir ging es damals nervlich auch sehr schlecht!") schob sie dieses Erlebnis rasch beiseite. Der Impuls zum Nachfra-gen und tieferen Verstehen wurde von ihrem Wachbewußt-sein nicht richtig aufgenommen. Das äußere Sein beherrsch-te ihre Seele, die tägliche Routine hatte gesiegt.

Schauen wir uns die äußere Sinneswahrnehmung, von der wir stärker beeindruckt werden als es sinnvoll ist, genauer an. Die "Fenster zur äußeren Welt" heißen Sehen, Hören, Riechen, Schmecken und Tasten. Je mehr wir durch diese Fenster hindurch an Äußerem aufnehmen, desto mehr innere Arbeit müssen wir aufwenden, um diese Eindrücke (Einfälle) zu verdauen. Die Reizüberflutung unserer moder-nen Welt läßt uns immer mehr zu seelisch-geistigen Krüppeln werden. Dies kann verhindert werden, wenn wir aus unserer Mitte, also von innen nach außen, wieder zu leben beginnen. Dann werden wir den höchst mageren seelisch-geistigen Nährwert der meisten äußeren Signale durchschauen, die eben mit einem Leben aus der Tiefe nichts zu tun haben. Meist handelt es sich doch um "Leben aus der Konserve" (Fernsehen, Illustrierte), eine uns ständig berieselnde Geräuschkulisse (Musik im Supermarkt) und die Inflation der Worte (Werbung).

Unfähig, in sich selber hineinzuhorchen, lassen sich viele Menschen wie unmündige Kinder manipulieren. Ihre Seelen sind **akustisch** (ständige Musikberieselung, Lärm, lautes Reden), **optisch** (Bilderflut durch Werbung, Fernsehen, Video, Kino, Illustrierte), **geruchsmäßig** (künstliche Düfte, Gestank der Luftverschmutzung, Zigaret-ten) und **geschmacksmäßig** (künstliche Aromastoffe, Kon-servierungsstoffe, Überzuckerung, Kunstdünger, Herbizide etc.) übersättigt und weit von einem natürlichen, echten

Empfinden entfernt. Diese fehlende Geschmacksempfindung zeigt sich immer mehr in den verschiedensten Geschmacklosigkeiten unserer Gesellschaft: Der heutige Mensch läßt sich Erstaunliches bieten und mit Dingen abspeisen, deren innerer Nährwert nur seelische Mangelkrankheiten erzeugen kann. Haben wir nicht deshalb zum Beispiel so viele *Süchtige*, die etwas ganz anderes als Alkohol und Drogen jeder Art *suchen*?! Muß nicht ein Mensch verzweifeln und in eine Sucht (Suche) flüchten, wenn er den Zugang zu sich selber nicht finden kann?

Bei der oben aufgeführten Übersättigungsliste fehlt der Tastsinn. Er scheint eine Sonderstellung einzunehmen und gegensätzlich zu laufen: Möglichst nicht berühren, nicht die Hand geben, nicht umarmen. Scheuen die meisten Menschen die *Verbindlichkeit* der Beziehung, die sich auch in körperlicher Nähe ausdrückt? Fürchten sie peinliche Mißverständnisse, wenn in unserer Zeit - mehr oder weniger bewußt - körperliche Berührung mit sexuellem Verlangen gleichgesetzt wird? Sind viele Menschen gar nicht mehr in der Lage, nicht-sexuellorientierte Berührung im Sinne zwischenmenschlicher Gefühlsnähe zuzulassen? Eines scheint sicher: Der Tastsinn verkümmert in dem Maße, wie der Mensch, nur noch Fernsehknöpfe drückend, zuschaut, wenn sich andere berühren. Er degeneriert zu einem Zuschauer, vor dem ein gespieltes "Leben" - eine Täuschung! - abläuft. Er lebt nicht mehr oder zuwenig *selber* und stirbt damit Stück für Stück innerlich ab. Das erlebte Gefühl, mit den Füßen auf einer taubedeckten Sommerwiese zu gehen oder einem Menschen die Wange zu streicheln, ist ihm nicht mehr zugänglich.

Es sollte verständlich geworden sein, daß ein mit äußeren Sinnesreizen überfütterter Mensch seine Innenwelt, die Welt der Seele und des Geistigen, kaum oder gar nicht wahrnehmen kann. Schweigen, wirkliches Nach-innen-Lauschen, meditative Stille, all das sind Grundbedingungen für eine erweiterte Wahrnehmung. Ich gehe dann in die Wüste, wo das Materielle abnimmt und die Begegnung mit Gott und mir selber am ehrlichsten und intensivsten möglich ist. Gemeint ist die innere Wüste, das Schließen der Augen und Ohren, um wirklich sehen und hören zu lernen. Manch einer mag dies als übersinnliche Wahrnehmung abtun und dem Ganzen den Stempel des »Spiritismus« aufdrücken und es damit verteufeln. Wenn uns das Erspüren unserer Gedanken- und Gefühlswelt so teuflisch und gefährlich erscheint, dann müssen wir am Ende vor uns selber Angst haben - und das ist ja auch hier und da berechtigterweise der Fall, denn wieviel Dunkles rumort nicht alles in den Tiefen der Seele und muß sorgsam im Verborgenen gehalten werden! Es gehört Mut dazu, sich dem eigenen Innenleben zu stellen. Das ist ein meist schmerzvoller Prozeß, geht es doch darum, die Hindernisse auf dem Weg zu unserem wahren Wesenskern zu erkennen und verwandeln zu lassen.

Drei Welten in einer Welt

Beginnen wir zunächst mit einem sehr vereinfachten Modell aus der Geometrie, um die Beziehung von Geist, Seele und Körper anzudeuten.

Die Seele sei hier ein Kreis, also eine begrenzte runde Fläche. Sie ist für sich gesehen, ohne die Dimension des Geistes, endlicher Natur, denn alles Seelische wie Materielle existiert aus der Quelle des Geistigen heraus.

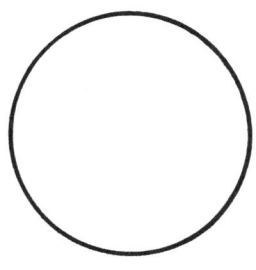

In der Seele ruht der Geist, d.h. ein geistiger Aspekt aus dem All-Ein-Sein, ein Anteil am Schöpfergeist Gottes. Dieser individuelle Geistkern sei hier als Punkt dargestellt. Der Punkt ist in der Geometrie ein nicht faßbares Etwas, er ist vorhanden und zugleich nicht definierbar (er hat keine Ausdehnung: keine Fläche

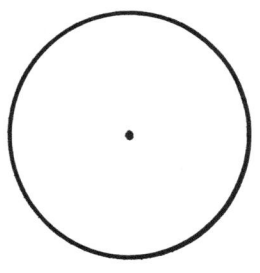

und kein Volumen). Man könnte auch von einem seienden Nichts sprechen, das in der höheren Geometrie auch eine unendliche Fläche bedeutet. Der Punkt wie die unendliche Fläche sind unvorstellbare Größen. Alles und Nichts fallen eben in diesem einen »Punkt« zusammen: Es offenbart sich das Unfaßbare, aus dem alles andere Geschaffene besteht (der Kreis besteht aus vielen Punkten). Vor allem Anfang ist EINER, der eine Punkt, der eine Schöpfergeist, aus dem alles andere geworden ist. Die schöpferische Eins, die Zahl Gottes, der Grundstoff der gesamten Schöpfung - Liebe! Geist und Seele gehen in das Fleisch (»inkarnieren«), in den materiellen Körper, hier als Quadrat dargestellt. Das Runde

15

begibt sich in die Grenzen des Eckigen, Schweren und Harte. Das Quadrat wiederum setzt sich aus zunächst vier kleineren Quadraten zusammen: die Vier, die Zahl der Materie, die vier Dimensionen der irdischen Welt (drei Raumdimensionen und die Zeit), die vier Jahreszeiten im Wechsel von Werden und Vergehen, die Zahl des Leidens, des Kreuzes mit seinen vier Enden. Der Geist ist in der Seele, die Seele in der Körperlichkeit "gefangen". Der Seelenkreis steht zwischen Körperquadrat und Geistespunkt: Der Mensch soll in sich die Vereinigung der Gegensätze erfahren.

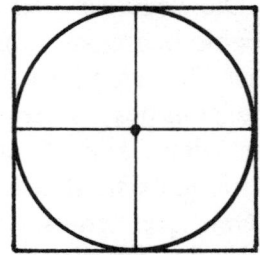

Ein nächstes Bild (siehe Seite 17) soll das Gesagte verdeutlichen und weiter differenzieren. Geist, Seele und Körper bilden, als drei Kreise übereinander gestellt, zwei Schnittmengen, zwischen denen die Seele mit ihrem Ich-Bewußtsein, der eigentlichen Persönlichkeit, steht. Die untere Schnittmenge zeigt den Menschen in seinem Körper-Bewußtsein: Er identifiziert sich mit seinem irdischen Leib und glaubt, daß er selber nach dem Tode dieses Körpers nicht mehr existiere. Das reine Körper-Bewußtsein zeigt sich in Form vielfältiger Triebe: Nahrungsaufnahme, Revierverhalten und Sexualität zählen zu den fundamentalen Trieben im Menschen. Ohne die Führung durch Seele und Geist lebt der Mensch egoistisch und alles andere für seinen Lustgewinn grenzenlos vereinnahmend. Wir finden diese Haltung entwicklungsmäßig im Kind und Kleinkind wieder: Es nimmt unreflektiert, soviel es nur bekommen kann. Das Grenzensetzen stellt eine wichtige Aufgabe der Eltern dar, wenn sie nicht tyrannische Egoisten aufziehen wollen.

Die untere Sphäre beinhaltet das »Tor der Lebenskraft«. Hier tritt die von Gott durch das überbewußte Selbst zuvor empfangene Energie in den menschlichen Körper ein.

Im unteren Bereich können wir vom **Ego** sprechen, im mittleren Bereich vom **Seelen-Ich** oder **der Persönlichkeit** und im oberen Bereich vom **überbewußten Selbst** oder der **göttlichen Identität**.

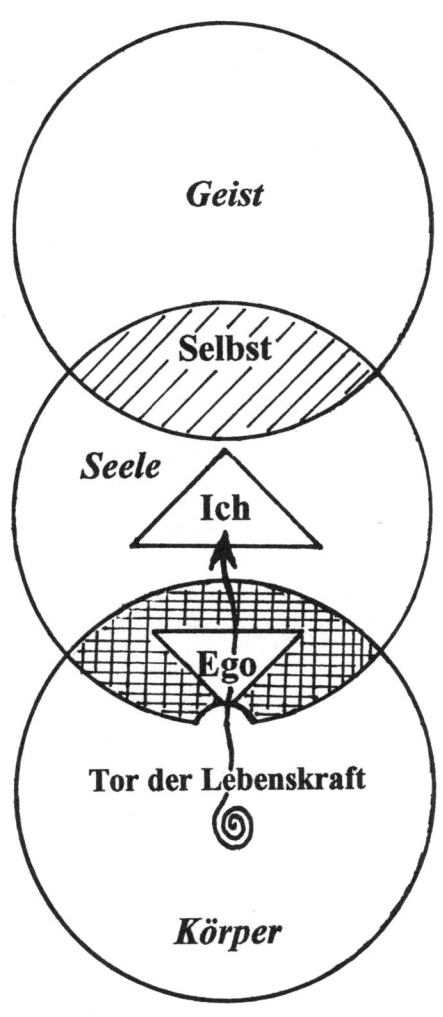

Der Mensch lebt in drei Welten, die doch genaugenomen nur in einer Welt existieren, nämlich der Welt des Geistes. Diese bildet die Seinsgrundlage für alle bewußtseinsmäßigen Abspaltungen und Verdichtungen. Denn da, wo ein Wesen "Ich" sagt, erlebt es sich getrennt von einem "Du". Beide aber atmen die gleiche Luft und schöpfen aus der einen Quelle, die eben alles Seiende aus ihrem Ursein hervorgebracht hat.

Das Seelen-Ich ist der Ort der ersten Bewußtwerdung. Im Körperbewußtsein oder Ego ereignen sich alle Prozesse instinktiv ,das heißt nicht-willentlich gesteuert (Herzschlag, Verdauung) - sie bleiben unbewußt. Mit der Bildung des Seelen-Ichs entsteht eine relative Wachheit durch ein bewußtes Denken, Fühlen und Wollen. Die Sinnesreize der äußeren Welt werden zunehmend bewußter verarbeitet und fließen in die Denk-, Fühl- und Willensprozesse mit ein. Hier kann mir zum Beispiel bewußt werden:

Wenn Person A etwas von mir möchte, reagiere ich gefühlsmäßig mit Abwehr, und es stellen sich Fluchtgedanken ein, indem ich nach Gründen suche, die die Erfüllung der Bitte von Person A mir unmöglich machen. Nun kann ich die Situation genauer betrachten, denn ich frage mich: Wie wirkt das Auftreten von Person A auf mich - bittend und dabei mich freilassend oder fordernd und mich unter Druck setzend (z.B. Schuldgefühle erzeugend)? Ist letzteres der Fall, warum gebe ich dann ihrem Drängen indirekt nach, indem ich nach entschuldigenden Fluchtgründen suche? Ich erkenne vielleicht: Mir fehlt es an Willenskraft, diesen Angriff abzuwehren und die Strategie, Schuldgefühle bei mir zu erzeugen, ins Leere laufen zu lassen. Bleibe ich bewußtseinsmäßig im Körper-Ich (Ego) stecken, reagiere ich entweder mit einem kategorischen Nein gegenüber irgendwelchen Bitten anderer oder ich erfülle die Bitten anderer, ohne darüber nachzudenken, ob dies dem anderen wirklich hilft oder ob er mich nur ausnutzen möchte. Das Seelen-Ich

wird sich der eigenen Gefühle, Gedanken und Willens-
impule *und* der anderer Menschen bewußt. Es beginnt, das
Leben in seiner Vielschichtigkeit zu entdecken. Das Kleinkind spricht zunächst von sich selber in der dritten Person
und sagt, wenn es sich selber meint: "Frank will essen." Es
ist noch nicht zu diesem Frank geworden, es füllt ihn noch
nicht bewußtseinsmäßig aus. Irgendwann erwacht das Kind
aber und spricht: "*Ich* will essen". Jetzt hat es ein Stück
Unbewußtheit aufgegeben und tritt in die Unterscheidungs-
fähigkeit ein: "Ich und du, das sind zwei völlig verschiedene
Wesen. Ich bin Frank!" Die Identifizierung mit einem
Namen - einem ihm gegebenen Bild - beginnt. Doch diese
Identifizierung hat mit der wahren Identität dieser Seele
nichts oder nur sehr wenig zu tun. Denn jene Sphäre des
überbewußten Selbst liegt eine Stufe höher, ist eben *überbewußt* und damit noch nicht oder im Laufe des Lebens nur
in seltenen Momenten zugänglich.

Das überbewußte Selbst oder die göttliche Identität
stellt den weisen Ratgeber des Seelen-Ichs dar. Dieses überbewußte Selbst sind wir im vollendeten Sinne, es bildet das
geistige Ziel des körperlich-seelischen Entwicklungsweges.
Jesus verheißt uns Vollkommenheit, wenn er sagt: "Darum
sollt ihr vollkommen sein, gleichwie euer VATER im
Himmel vollkommen ist" (Matth.5,48).

Doch zunächst besteht Trennung und nur seltener Kon-
takt mit dem überbewußten Selbst. Das Seelen-Ich, die Persönlichkeit, ist gefangen in verschiedenen irrtümlichen Vorstellungen und Gefühlsverstrickungen, die auch als Sünden
bezeichnet werden können. Es besteht keine Klarsicht der
göttlichen Identität, die sich allenfalls gelegentlich durch
warnende Impulse im Seelen-Ich bemerkbar machen kann.
Wir wollen im folgenden nur noch vom **Ich = Seelen-Ich**
und vom **Ego = Körper-Bewußtsein** sowie vom **Selbst =
überbewußtes Selbst oder göttliches Selbst (geistige
Identität)** sprechen.

Solche Gefühlsimpulse des Selbst (das "ungute Gefühl" bei einer Sache) können bedeuten, den eingeschlagenen Weg zu ändern, um nicht in seelische Untiefen abzustürzen. Das Selbst ist der Warner und Hüter des Schicksals, im besten Sinne unser wohlmeinender Helfer. Es könnte uns sagen, wann innezuhalten und umzukehren ist. Es könnte uns zeigen, wie wir aus Irrwegen des Lebens herausfinden oder welche Lernaufgaben gerade anstehen. Das Gewissen, das ich im Ich verankert sehe, wird aus dem Selbst mit Informationen gespeist. Verantwortung für ein Du zu übernehmen, liebender und freilassender Lebensbegleiter für einen Menschen zu sein, solche Anstöße können uns aus dem Selbst zufließen. Das Selbst ist überseelischer, rein geistiger Natur. In ihm liegt das Urwissen und die Urerfahrung der alles verbindenden Liebe. Urvertrauen wird dem Ich aus dieser Sphäre zuteil. Auch hat die Sehnsucht nach dem paradiesischen, ja himmlischen Seinszustand hier ihre Wurzeln.

Im Ego oder Körper-Bewußtsein wird der Mensch der von Gott geschenkten Liebe oder Lebenskraft, die über das Selbst empfangen wird, gewahr. Wir sagten bereits, daß die Triebe (Nahrungs-, Fortpflanzungstrieb) einen Teil dieser Seinsebene ausmachen. Sprechen wir beim Selbst vom Überbewußtsein, so können wir beim Ego auch vom Unterbewußtsein oder dem Unbewußten sprechen. Es äußert sich im Alltäglichen durch unbewußte Handlungsweisen, die wie seelische Reflexe von selber ablaufen. Auf der Körperebene haben wir es bei Disharmonie mit den sogenannnten psychosomatischen Krankheitsbildern zu tun: Ich lehne zum Beispiel einen bestimmten Menschen ab, will mir dies aber nicht ehrlich eingestehen. Wenn sich diese Person mir nähert, bekomme ich plötzlich einen unerträglichen Juckreiz oder falle möglicherweise sogar in Ohnmacht. Das Unterbewußtsein, vom Wachbewußtsein des Ichs nicht wahr- und ernstgenommen, teilt mir und der Umwelt sein Unbehagen über den Körper mit. Der moderne, von seinem Ursprung weit entfernte, rational denkende Mensch hat den Zugang zum eigenen Unterbewußtsein weitestgehend verloren. Er bleibt im Bereich des Kopfes, des bloßen rationalen Denkens stecken und nimmt nur wahr, was ihm die äußeren Sinne vermitteln - und selbst das nur unvollkommen. Sein Denken kreist um die eigenen Interessen und zeigt sich stark körperbezogen. Seine tieferen seelischen Regungen, nämlich die Gefühle des Unterbewußtseins, bleiben ihm verborgen. Nur im Traumgeschehen offenbart sich das Unterbewußtsein ehrlich und maskenlos. Im Traum wird die versteckte Aggression hemmungslos ausgelebt: Der Mensch kämpft und wird bekämpft. Hier kann er der Konfrontation nicht mehr ausweichen, hier wird er zur Ehrlichkeit gezwungen. Jede konfliktfeindliche Haltung, das Verdrängen längst anstehender Lernaufgaben ver- oder zumindest behindert den Entwicklungsprozeß der Seele, nämlich die Integration des unbewußten, noch im dunkeln liegenden Anteils und die Hinwendung zur weisen Führung durch das Selbst. Denn solange ich mit meinen Ausweich- und Fluchtstrategien einigermaßen schmerzfrei dahinleben kann, sehe ich keine Notwendigkeit, mich ehrlich auf die Suche nach tragfähigen, wirklich befreienden Lösungen zu begeben. Erst wenn das Verdrängte unerträglich schmerzvoll drängt, überwinde ich mich und suche Hilfe. Es hilft keine Schmerztablette und kein Psychopharmakon, sondern einzig und allein meine Bereitschaft, das Fehlverhalten zu entdecken und die Gnade Gottes, mich auf einen neuen Weg zu führen.

Die menschliche Seele, das Ich, ist nun gewissermaßen "aufgespannt" zwischen Körper und Geist, zwischen oben und unten, zwischen Himmel und Hölle. Der bewußt lebende Mensch spürt ein enormes Spannungsfeld, welches Ausdruck der irdischen Polarität ist. Er ist durchpulst vom intensiven Lebensstrom, in den er hineingestellt ist. Da soll er sich bewähren, soll um den Weg zur Liebe und zur Weisheit im eigenen Herzen ringen.

Schauen wir uns die nächste Zeichnung auf Seite 24 genauer an. Das Ich ist, bildlich gesprochen, eingemauert. Es ist von den triebhaften Kräften des Egos und dem irrtumsvollen, analytischen Denken überwunden worden, gefangen in den neun Sünden, in neun Arten des fundamentalen Irrtums, wie sie auf den Seiten 26 bis 28 genauer beschrieben sind. Diese neun Irrtümer drücken seelische Fehlhaltungen aus, beinhalten neun verschiedene Formen der Lieblosigkeit. Das Ich trennt sich von seinem göttlichen Wesenskern, der höheren Führung oder dem überbewußten Selbst, wenn es vom Ego mit seinem einseitigen Körperbewußtsein - einem Mangeldenken und -fühlen - vereinnahmt wird. Es mauert sich selbst ein (oder läßt diesen Vorgang durch das Ego an sich geschehen!), verfällt dem Egoismus und kommt seiner eigentlichen Aufgabe, nämlich der vermittelnden Rolle zwischen Über- und Unterbewußtsein, nicht mehr nach. Denn mit der Abkehr vom Selbst schwindet auch die Verbindung zum Unterbewußtsein. Das Ich sollte bewußter Integrator sein, sollte sich inspirieren lassen vom Selbst, um die vom Unterbewußtsein im Körper aufsteigende Lebenskraft schöpferisch im Dienst am Leben nutzen zu können. Hier tut sich uns das auf, was *C. G. Jung* als Individuationsprozeß beschrieben hat: Der Mensch soll Individuum, d.h. Ungeteiltes, also ein Ganzes werden. Aus seiner inneren Zersplitterung soll Einheit entstehen, die nur über das Selbst von Gott - dem Geist der Einheit - empfangen werden kann.

Das Ich erlebt sich selber in seinem bewußten Denken, Fühlen und Wollen. Es vermag sich seiner selbst bewußt zu werden (unterscheide: nur selten seines überbewußten Selbst!) in dem, was es als Gedanken und Gefühle, aus denen Willensimpulse entstehen können, wachbewußt erkennt. Gerade dies kennzeichnet das Menschsein: ich kann über mich und mein Denken, Fühlen, Wollen, Handeln und über meine Umwelt nachdenken. Der Mensch ist in der Lage, Begriffe zu bilden und in sich Bilder wahrzunehmen. Unsere differenzierte Sprache (die leider immer mehr zu einem Sprechblasengestammel verkommt) ist Ausdruck geistiger Fähigkeit. Unsere Fühl- und Empfindungsfähigkeit wird, wenn sie gut entwickelt ist, zu einem äußerst feinen Instrument der Bewußtwerdung. Dann können wir wahrnehmen, welche Art von Gefühlen den Gesprächspartner bewegen; wir verstehen, was sich durch Worte kaum mitteilen läßt.

Die gesunde Entwicklung des Gewissens und der Gemütskräfte (Fühlkräfte) sollte gerade im Kindesalter gefördert werden. »Verkopfung« heißt ein Krankheitssymptom unserer Gesellschaft. Wenn das drei- oder fünfjährige Kind schon eine Computertastatur eines synthetische Töne erzeugenden Keyboards bedient, dann wird das natürliche Klangempfinden gestört und die Entfaltung der Gefühlswelt durch solche Elektronik behindert. Doch wie wenige Menschen empfinden heute noch, was sich gesund oder ungesund auf eine Seele auswirkt. Das Gespür für das Wesen der Dinge (z.B. Technik an sich) und seine Wirkung auf den Menschen ist weitgehend verlorengegangen.

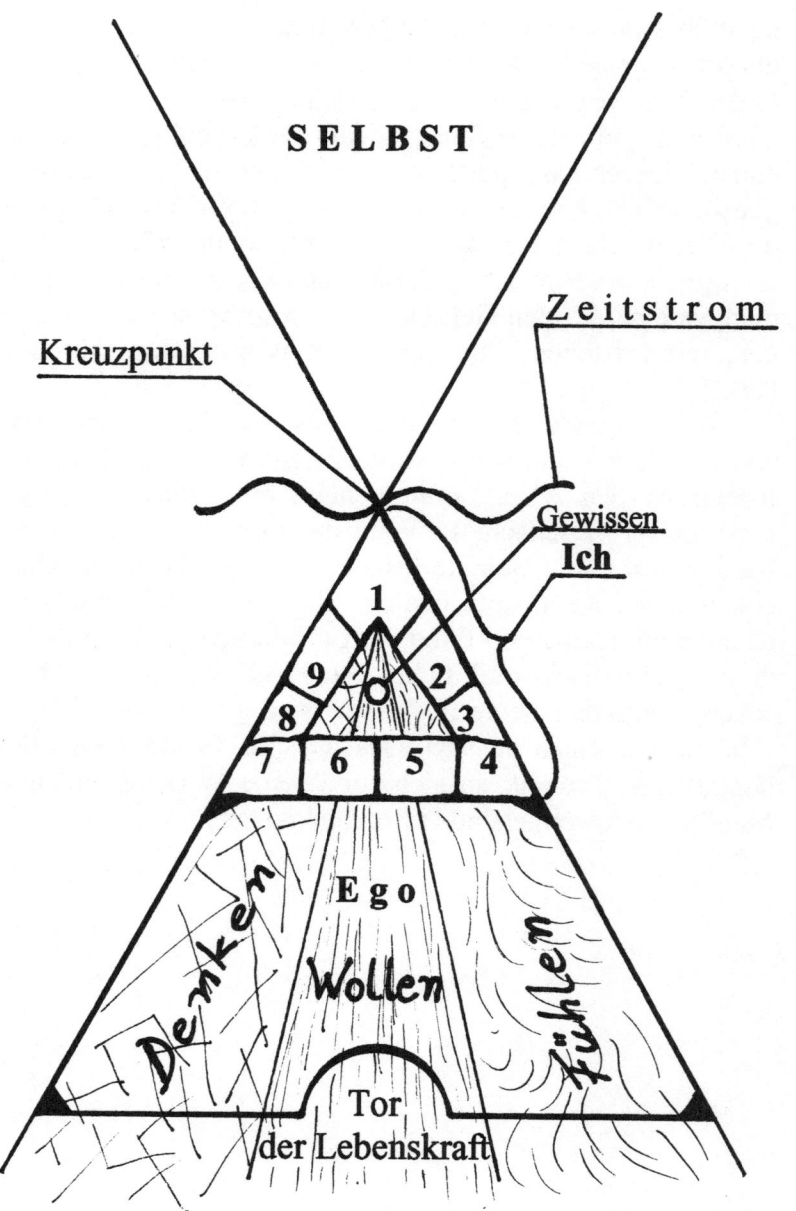

SELBST

Zeitstrom

Kreuzpunkt

Gewissen
Ich

1
9   2
8   3
7   6   5   4

Ego
Wollen
Denken
Fühlen

Tor
der Lebenskraft

24

(Die dargestellten Zeichnungen, wie z.B. auch auf Seite 30, stellen keine proportionsmäßigen Größenverhältnisse, z.B. von ICH und SELBST, dar!)

Selbst, überbewußt; unsere göttliche Identität

Kreuzpunkt, absoluter Punkt der ewigen Gegenwart; Geistesgegenwart; Punkt des mutigen, intuitiven Handelns; Brennpunkt des Bewußtseins; Ort der Wandlung und der Erlösung

Seelen-Ich, Persönlichkeit; persönliches Wachbewußtsein: bewußtes Denken, Fühlen und Wollen; Gemütskräfte; im Innersten der Seele liegt die Gewissensinstanz

Die neun **Sünden** oder **Irrtümer** der Seele
(werden im folgenden genauer beschrieben)

Ego, Körper-Bewußtsein, persönliches Unbewußtes (Unterbewußtsein): **un**bewußtes Denken, Fühlen und Wollen; Urgrund der Emotionen: Freude, Schmerz, Angst, Zorn, Wut; Ebene der Triebe; seelische Vererbung bzw. Anziehung; Verdrängungen

Tor der Lebenskraft; über das Selbst wird die Lebenskraft (göttliche Liebe) empfangen und fließt durch ein "Tor" im Ego-Bereich in den Körper, wo sie je nach Entwicklungsniveau aufsteigend die verschiedenen sieben Chakren oder Energiezentren durchstrahlt.

Ich will versuchen, eine kurze Definition der neun Sünden zu geben und zugleich dabei den seelischen Irrtum im Hinblick auf die Liebe und das Du genauer aufzuzeigen (diese Liste erhebt keinen Anspruch auf Vollständigkeit - manches mag man auch anders oder differenzierter sehen). Ist der Irrtum verwandelt, steht der Seele ein schöpferisches Energiepotential zur Verfügung, zum Beispiel die Kraft der Geduld.

Stolz und Hochmut drücken folgende seelische Haltung aus: "Ich habe selber genug Liebe (aus mir selbst), ich bin die Quelle! - Ich brauche dich (Gott) nicht!" Eine gegensätzliche, ergänzende Seite des Stolzes ist das Selbstmitleid und Minderwertigkeitsgefühl - der einstige Stolz richtet sich zerstörerisch gegen die eigene Person im Sinne seelischen Mangelfühlens und -denkens.
Verwandelt: Demut auf der Basis eines gesunden Selbstwertgefühls, Gelassenheit (ich muß meine Existenz den anderen und mir selber nicht beweisen).

Neid : "Ich habe selber nicht genug Liebe und möchte daher mehr haben! - Du hast zuviel, ich will von dir haben!" Es handelt sich um ein Mangeldenken und -fühlen und führt zum Konkurrenzkampf.
Verwandelt: Ausgeglichenheit; ich kann dem Du seinen Teil aus echter Freude nicht nur gönnen, sondern mithelfen, daß es noch mehr bekommt.

Zorn und Haß : "Ich fühle mich ungerecht behandelt (ich habe recht!), ich erlebe keine Liebe. Ich will mich an dir rächen, dich zerstören!" Die Seele verharrt im Gesetz und ist damit nicht in der Liebe.
Verwandelt: Geduld und Verständnis für das Du. Ich entschuldige mein Gegenüber; Fähigkeit zu vergeben und zur Versöhnung zu finden.

Lüge und Betrug : Ich mißbrauche die Wahrheit (verdrehe sie) zu meinem Vorteil. Ich glaube, die Wahrheit würde mir nicht dienen und versuche, sie unter meinen Willen zu zwingen (Verschleierungstechniken und Überredungskunst). Ich nehme mir vom Du etwas, was mir nicht zusteht.

Verwandelt: Ehrlichkeit, Wahrhaftigkeit; ich finde zu meinem wahren Wesenskern und teile dem Du meine Motive in den ihnen entsprechenden Worten ehrlich mit.

Habsucht und Gier : Ich lebe aus dem Haben heraus: je mehr, desto besser. Ich bin, was ich habe. "Wieviel verdienst du, und was gehört dir? Gib m i r !" Ich suche die Liebe in der ihr nicht entsprechenden Art und Weise. Die Angst, nichts zu haben und damit nichts zu sein (darzustellen). Ich nehme mir grenzenlos vom Du.

Verwandelt: Ich kann im Nicht-Haben zum echten Sein finden und dem Du darin begegnen. Ich entdecke den inneren Reichtum, den Gott *mir für das Du* schenkt. Losgelöst von allem bin ich nicht mehr Sklave meines Besitzes und darf doch besitzen, denn ich stelle den mir von Gott anvertrauten Besitz in den Dienst der Liebe.

Unmäßigkeit und Genußsucht : Ich glaube, Quantität sei alles. Ich habe Angst, immer zu kurzzukommen und suche Liebe in der Befriedigung meiner Triebe: Brot und Spiele, Sexualität und Kampf. Äußere Sinnesreize spielen eine große Rolle. Meist gilt: Je mehr »action« (laut, stark, wild und geil), desto besser; körperlich-seelisches "Betrunkensein". Ich brauche das Du nur zur eigenen Genußbefriedigung.

Verwandelt: geistige Nüchternheit; ich kann aus meiner Freiheit heraus genießen und bleibe dabei "Herr im eigenen Hause", d.h. ich höre und befolge meine innere Führung, die mir klar sagt, was fördernd und was schädigend wirkt.

Furcht und Angst : Ich erlebe keine Liebe. Gefühle des Mangels und der Leere. Das Unbekannte, im dunkeln Verborgene sowie das Du werden als Bedrohung erlebt.

Verwandelt: Vertrauen in das Leben, in das Liebegesetz Gottes. Mut zur Liebe. Ich erkenne Furcht und Angst als Formen begrenzter, fixierter Vorstellungen, die mir erst durch diese intensiven Gefühle bewußt werden können. Was ich kennenlerne (liebenlerne) und durchschauen kann, das verliert seinen Schrecken.

Schamlosigkeit, Unkeuschheit : Ich akzeptiere nicht, daß Liebe auch mit dem Respektieren von Grenzen zu tun hat. Meine Freiheit wird zum Egoismus, der das Du auf den verschiedensten Ebenen immer nur vergewaltigen kann. Ich vereinnahme das Du in rücksichtsloser und entwürdigender Weise.

Verwandelt: Mitgefühl; die Fähigkeit, sich in das Du hineinzuversetzen und seine Würde und Intimsphäre zu wahren.

Trägheit, Faulheit : Mein Wille zur Liebe ist zu schwach. Das Du sowie mein eigenes Leben interessieren mich nicht im gesunden, notwendigen Maße. Zuwenig Lebensfeuer und -freude.

Verwandelt: Leben ist Begegnung, ist Austausch mit dem Du: "Du bist mir wichtig, mit Dir möchte ich wachsen!" Ich entscheide mich für das Leben und nehme meine Chancen zum Lernen wahr (Konfliktfreudigkeit).

Es sollte deutlich geworden sein: Die neun Sünden beinhalten immer eine Absonderung vom Du, eine Form der Lieblosigkeit, die uns den Zugang zum Ich und zum Selbst *des Nächsten*, eben zur echten Nächstenliebe, verbaut.

Die nächste weiterführende Zeichnung auf Seite 30 zeigt: Das Selbst, das Ich und das Ego stehen in ständiger

Verbindung miteinander. Dies geschieht durch die verschiedenartigsten Kräfte, sprich Wesenheiten hindurch. Das Jenseits, die Welt der Verstorbenen, ist kein von uns weit entfernter Ort, sondern es beginnt direkt in unserem eigenen Inneren, der Welt der Seele. Schon im Traum betreten wir jede Nacht diesen Bereich und leisten oft seelische Schwerstarbeit, was sich morgens durch Müdigkeits- und Zerschlagenheitsgefühle bemerkbar machen kann.

Ob Verstorbener oder Engel, Dämon oder Naturgeist, sie alle beeinflussen die menschliche Seele, die ihrerseits wiederum Impulse an jene Wesenheiten sendet. Denn Leben ist Begegnung auf allen nur möglichen Ebenen. Es liegt an uns, ob wir *mehr* von unseren Möglichkeiten der Begegnung wahrnehmen wollen und uns damit von unserem Schöpfer reich beschenken lassen möchten.

Wie äußert sich nun dieser Einfluß der uns umgebenden Wesenheiten? Er zeigt sich in der Qualität unseres Denkens, Fühlens und Wollens. Wir alle kennen wohl den Unterschied zwischen zwanghaften Gedanken und Willensimpulsen und solchen Gedanken, die ganz fein und zart uns berühren und uns willensmäßig freilassen. Ein Dämon kann nur Druck ausüben, ein Engel darf (bis auf Ausnahmesituationen) nur sanft und leise mahnen. Das engelhafte Mahnen und Warnen empfangen wir über unser Selbst, bis es uns im Bereich des Gewissens innerhalb der Seele bewußt wird. Der Druck des Dämons drängt aus dem kollektiven Unterbewußtsein über unser persönliches Unterbewußtsein durch ein Tor der neun Sünden in unser Ich hinein. Die Sünde, z. B. der Stolz, ist wie eine Wand für den helfenden Impuls des Selbst: er prallt an jenem Stolze ab. Für den Impuls des Dämons aber stellt dieser Stolz eine Tür zum Eintreten dar, denn Dämonisches gedeiht auf "stolzem Boden" gut. So bildet das Schwingungsmuster unserer Seele den Resonanzboden für die verschiedensten Gedanken- und Gefühlseinfälle.

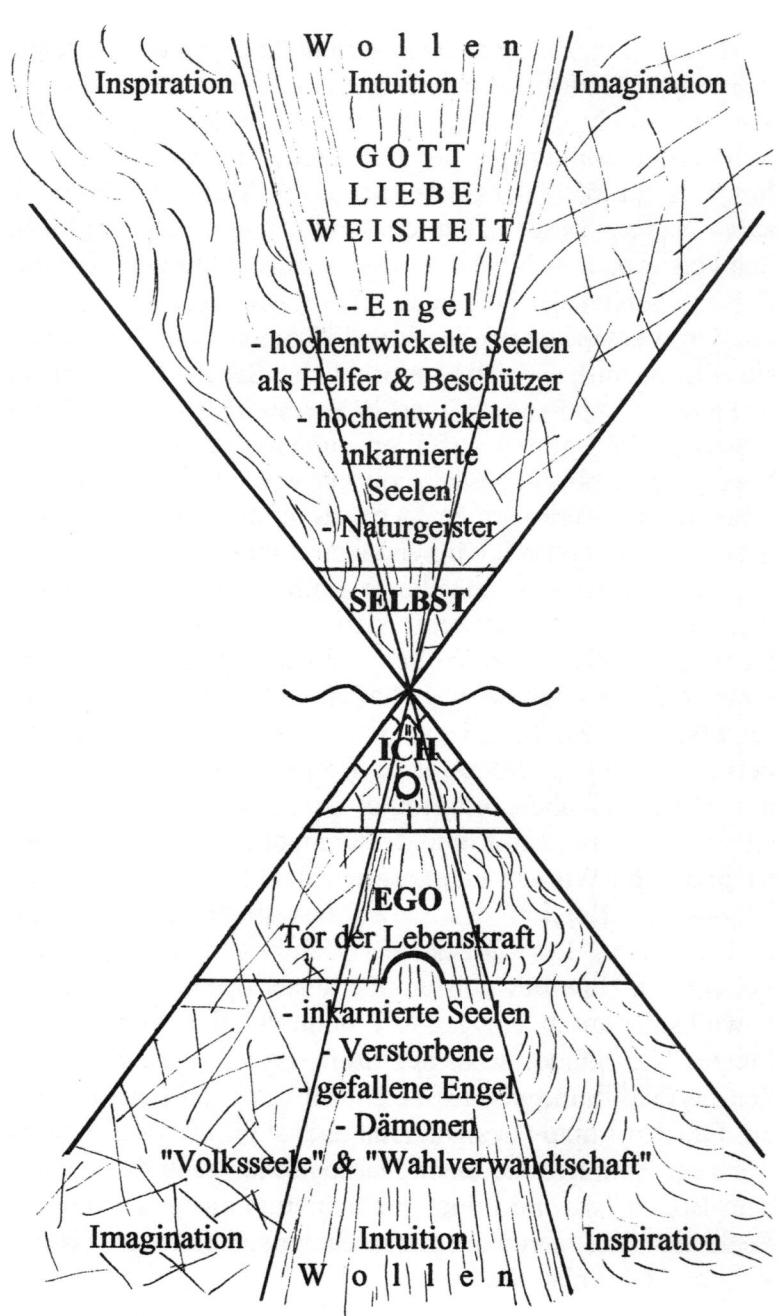

W o l l e n

Inspiration   Intuition   Imagination

GOTT
LIEBE
WEISHEIT

- Engel
- hochentwickelte Seelen
als Helfer & Beschützer
- hochentwickelte
inkarnierte
Seelen
- Naturgeister

SELBST

ICH

EGO
Tor der Lebenskraft

- inkarnierte Seelen
- Verstorbene
- gefallene Engel
- Dämonen
"Volksseele" & "Wahlverwandtschaft"

Imagination   Intuition   Inspiration

W o l l e n

Geist Gottes
Liebe und Weisheit;
vollkommenes Sein in der Einheit
(alle aufgezeigten Ebenen einschließend!)

Überbewußtes SELBST:
höheres Fühlen, feine Empfindungen, höheres Denken:
ganzheitlich, schöpferisch, final

Seelen-ICH: persönliches Wachbewußtsein;
bewußtes Denken, Fühlen und Wollen;
das Denken ist analytisch-kausal;
Verstand, Logik; Gemüt; Gewissen

EGO: persönliches Unbewußtes;
unterbewußtes Denken,
Fühlen und Wollen; Emotionen, Triebe, Verdrängungen;
materiell: Vererbung (Erbanlagen)

kollektives Unbewußtes:
das Kräftemeer aller Seelen (dies- und jenseitige),
Engel, Dämonen;
Seelenverbindungen in
Familie, Verwandtschaft, Volk;
Sphäre der Archetypen

Denken, Fühlen, Wollen

Die drei Grundkräfte menschlicher Seelenregung sind Denken, Fühlen und Wollen. Sie befinden sich in einem ständigen Wechselspiel miteinander. Treten sie in isolierter Dominanz auf, wenn zum Beispiel das Fühlen und Wollen vom Denken verdrängt werden, handelt es sich um einseitige, krankhafte Prozesse, und der Mensch wird buchstäblich kopflastig. Schauen wir uns die drei Kräfte im einzelnen mit ihrer krankhaften Dominanz genauer an.

Es ist nicht ganz leicht, diese Prozesse begrifflich klar zu fassen. Sie laufen wie selbstverständlich und relativ unbewußt ständig in uns ab. Alle folgenden Beschreibungen können nur Annäherungen darstellen, um diese komplexen seelischen Vorgänge ein wenig besser zu durchschauen.

Das Denken

Ich unterscheide hier das *analytische*, sich an den Gegensätzen des Lebens orientierende Denken (das vergleichende Denken, das sich an der physischen Welt orientiert) und das *ganzheitliche*, schöpferische, inspirative Denken.

Ersteres verläuft linear und kausal (Ursache - Wirkung) und läßt sich mit den Begriffen Logik und Verstand verbinden. Dieses Denken kostet viel Energie und kann, wenn es zwanghaft betrieben und von der Gefühlswelt der Seele nicht überwacht wird, in die völlige Frustration führen (bis der Kopf raucht ...). Man kommt dann einfach nicht auf die Lösung des Problems, weil man das Problem nicht loslassen und freigeben kann. Ernst und Kühle sind zwei Charakteristika, die solche Kopfakrobatik gut beschreiben. Humor und Gelassenheit wird man hier nicht finden, viel eher die bürokratische Verbissenheit und Pedanterie. Und damit wären wir auch schon beim einseitig dominanten Denkprozeß: Das analytische Denken verdrängt das Fühlen und möglicherweise auch das Wollen. Vor uns sitzt der graue Theoretiker, den die Farbenpracht der Gefühlswelt und das lebendige Wollen verlassen haben. Er verliert sich in seinen abstrakten Gedankengängen (Labyrinth-Gängen!) und wird zum kalten, trockenen Bürokraten am Schreibtisch. Gesetze, Formeln, Zahlen, Daten und Fakten beherrschen seine Seele. Pedantisch genau alles analysierend, erliegt er der Diktatur des zwanghaften Denkens. Die wärmende Lebenssonne erreicht ihn nicht mehr, und nur der Herzinfarkt kann ihn als letztes Warnsignal vielleicht noch beeindrucken und den Weg vom Kopf zum Herzen neu öffnen. Der Nur-Denker trifft kopfige Entscheidungen, wenn es überhaupt zu praktischen Konsequenzen im Sinne des alltäglichen Lebens kommt. Wenn er Gefühle hat, so werden sie meist durch das Denken induziert, kommen also nicht aus seiner tieferen Wesensmitte. Im Gegensatz hierzu steht das Gefühl der inneren Gewißheit, das der höheren Führung entspringt. Der aber auf sein Denken vertrauende Mensch kann im nächsten Moment seine Position schon wieder aufgeben und zu anderen Gefühlen kommen, wenn ihm schlaue Argumente durch äußere Berater zum Beispiel geliefert werden. Sein Kopf dominiert und diktiert dem Fühlen den Weg.

In diesen Bereich fällt auch der einseitige, eben kopflastige Gebrauch sogenannter Erkenntnissysteme wie zum Beispiel Astrologie, Tarot oder Handlesen. Analysierend sucht sich der kühle Denker seine Informationen in der Außenwelt (Fremdorientierung!) und bemüht sich nicht mehr um einen Zugang zu seiner inneren Informationsquelle, den Gefühlen und inspirativen Gedanken. Hier werden Erkenntnis- oder Weisheitslehren zur äußeren Autorität erhoben, und der mühsame, aber ehrlichere Weg zur persönlichen inneren Autorität, dem göttlichen Selbst, wird meist nicht beschritten. Versäumen wir es, unsere Gefühlswelt neben den gedanklichen Prozessen in die Begegnung mit dem Du zu integrieren, gehen wir am Mitmenschen denkerisch analysierend mit kühler Distanz vorbei. Wirkliche, lebendige Begegnung findet *so* nicht statt.

Beim Nur-Denker ist der Zugang zur Gefühlswelt mehr oder weniger blockiert. Er begegnet den Unsicherheiten des Lebens mit seinem Glauben an die Sicherheit seiner analytischen Denkschablonen. "Was man macht" (oder auch nicht macht) ist entscheidend. Die saubere Einordnung in die allgemein akzeptierten Denkmuster "deckt Teppich für Teppich" über die unter der Oberfläche brodelnden ungelebten Gefühle und Willensimpulse - bis es zur unkontrollierten Explosion und Entladung der angestauten Gefühle kommt: der Triebtäter und der gewalttätige Amokläufer im Extrem, der aggressive Fußballspieler (und Zuschauer!) oder all die anderen sportlichen Gesellschaftskämpfer. Nicht gelebte beziehungsweise nicht verarbeitete Gefühle werden sich immer irgendwie ihren Weg nach außen bahnen. Unsere intellektuelle Kommunikation, das kalte, lieblose Miteinanderumgehen haben uns eine wachsende Aggressivität beschert. Die Seele sagt sich: Wenn streicheln und umarmen als Ausdruck meiner Gefühlswelt nicht erlaubt sind, dann werde ich zuschlagen (verbal, nonverbal oder auch handgreiflich). Emotionale Verkrüppelung, der Mangel an Gefühlsäußerung, drückt sich in einer zunehmenden Gier (Sucht) nach *Sex and Crime* (Horror) aus. Die verkrüppelte Seele sucht sich ihre Freiräume, um irgendwie überleben zu können. Die totale Verkopfung muß eine No-future-Mentalität mit ihren aggressiven Auswüchsen hervorbringen, eben weil die Harmonie von Denken, Fühlen und Wollen nicht mehr gegeben ist.

Wo das Denken als Tyrann die Macht übernimmt, entsteht Hybris, eben jener Übermut, Stolz und Trotz, der auf den unbegrenzten Machtanspruch des Egos gebaut ist. Dieses analytische Denken, die reine Verstandesebene, kennt nur Sieg oder Niederlage - eben keine Einheit. Der Selbsterhaltungstrieb verkommt zum Machttrieb und führt in die

Abspaltung vom Du, das es nur noch auszunutzen und zu beherrschen gilt. Daß sich hier auch entsprechende Gefühle (Machtrausch, Stolz, Schadenfreude) einstellen, ist klar. Nur sind diese Gefühle die *Folge* gedanklicher und triebhafter Prozesse. Das aus der tiefen Mitte unseres Wesens kommende Gefühl beinhaltet die Qualität der Einheit. Es verbindet sich mit dem Du in echter Liebe.

Es bleibt noch zu erwähnen, daß das Denken die primäre Wahrnehmungsebene des Mannes ist. Wenn er nach München reist, wird erstmal ein Stadtplan besorgt, um sich mit kühlem Kopf einen sachlichen Überblick der städtischen Strukturen zu verschaffen. In einer Frau würden da viel eher Gefühle aufsteigen: die blumengeschmückten Straßenzüge und die Begegnungen mit den Menschen. Sie lebt primär in der Welt der Gefühle und empfindet ihren männlichen Partner oft als gefühllos - vermutlich zu Recht. Denn solange ein Mann nach dem Motto lebt: "Gefühle kann ich nicht gebrauchen, was bringen die schon ein", existiert er meilenweit von seiner weiblichen Partnerin entfernt und wird ihr kaum begegnen können. Arm ist der, der nie fühlen konnte. Denn es ist das Fühlen, das seelische Verbindung zu einem Du ermöglicht. Das Denken bleibt unverbindlich kühl, nach dem Motto "Der Nächste bitte!"

Das Fühlen

Gefühle verbinden uns mit dem Urgrund der Seele. Hier werden wir menschlich, sind zum einen den starken, gröberen Emotionen wie Angst, Wut und Zorn ausgesetzt, zum anderen erleben wir die feineren Empfindungen wie zum Beispiel Fröhlichkeit, Dankbarkeit, Treue und Sehnsucht. Gefühle lassen sich eher in Wärmegraden und Farben beschreiben als in klaren Umrissen und Strukturen, wie es für die Gedankenwelt zutrifft. Das berühmte "ungute Gefühl bei einer Sache" ist gedanklich meist nicht klar zu fassen, sagt uns aber deutlich, daß Gefahr droht. Argumente und Beweise sind immer eine Sache des Denkens, im reinen Fühlen aber tauchen solche Strukturen nicht auf. Dann habe ich eben ein "ungutes Gefühl", weiß aber eventuell noch lange nicht, warum. Dieses »Warum« untersteht rein gedanklichen Prozessen.

Als Mann darf ich mich in wichtigen Entscheidungen nicht bloß auf meine Gedanken verlassen, denn die können alles be- oder widerlegen, je nachdem, wie ich es brauche. Der Verstand soll uns lediglich die verschiedenen Entscheidungsmöglichkeiten bewußt machen. Nur ein eindeutiges Gefühl aber gibt mir die Sicherheit, *so* und nicht anders sinnvoll handeln zu sollen. Die Frau läuft eher Gefahr, in einem Sumpf von Gefühlen zu versinken. Ihr können dann klare Gedanken, auch in Form innerer Bilder, eine sinnvolle Entscheidungshilfe bieten.

Das Fühlen entspringt der reinen Seelenwelt, steigt aus dem Unbewußten empor an die Spitze des Wachbewußtseins. Dort will es sinnvoll ins Denken und Wollen integriert werden und nicht losgelöst von allem umherirren. Fühlen und Denken sollen einander ergänzen und zu einer gleichzeitigen, komplementären Wahrnehmung zusammenwachsen. Gefühle widerspiegeln unseren Seinszustand am deutlichsten: "Wie fühlst du dich?" fragen wir, wenn wir den Menschen in seinem seelischen Wesenskern meinen. Was er oder sie denkt, ist dann von sekundärer Bedeutung, denn Gedanken sind wesentlich manipulierbarer als Gefühle, die unseren seelischen Grundzustand (die Stimmung) ausmachen.

Löst sich das Fühlen vom Denken und Wollen und überwältigt diese, beginnt die Auflösung gesunder Ich-Strukturen. Angst kann in der Seele aufsteigen oder von außen leichter Wurzeln im Menschen schlagen. Dies kann bis zur Panik und dem buchstäblich kopflosen Handeln führen. Angst ist immer ein schlechter Ratgeber, wenn ein gesundes Denken nicht in den Entscheidungsprozeß, das

Wollen, miteinfließt. Angst macht den Menschen manipulierbar, stellt einen Angriff auf das Ich in seinem Selbstwertgefühl dar.

Dominiert das Fühlen und verdrängt dabei Denken und Wollen, haben wir es mit nervösen bis hysterischen Störungen zu tun. Angst ist zu einem ernsthaften Symptom unserer kranken Gesellschaft geworden. Die Sucht nach Sicherheit (die es objektiv gesehen in dieser äußeren Welt nicht gibt!), der Versicherungsboom in allen Lebensbereichen, zeigt das Grundproblem sehr deutlich: mangelndes Vertrauen in das Leben selbst, das Fehlen echter, gelebter Religion. Dies hat zum einen mit der bereits erwähnten Verkopfung zu tun, findet aber zum anderen seine Ergänzung in der Überwältigung des Denkens durch eine gefühlsmäßige Angstüberflutung. Fluchtwege verschiedenster Art führen dann schnell in den Teufelskreis der Sucht: Der Drogensüchtige löst seine gesunden Ich-Grenzen auf und "verflüchtigt" sich im Meer der Gefühle, ohne noch einen klaren, nüchternen Gedanken in sich bewegen zu können. Der alkoholsüchtige Mensch taucht in eine Scheinharmonie ein und setzt sich gedanklich nicht mehr mit der harten Wirklichkeit auseinander. Der Jugendliche nebelt sein Bewußtsein ein mit den aggressiven, sexuell anregenden Schwingungen der Rockmusik. Diese lauten, die Sinne abstumpfenden Geräusche unterlaufen die bewußte Wahrnehmungsschwelle, so daß ein gedankliches Erfassen und Verdauen gar nicht möglich ist. Bewußte Wahrnehmung kann immer nur aus der Stille der eigenen Mitte geschehen.

Alle Süchte haben eine Reduzierung des Denkens und Wollens gemeinsam: Es geht einzig und allein um die Vereinnahmung des Suchtobjekts, d.h. die bloße Suchtbefriedigung. Andere Menschen mit ihren Sorgen und Nöten tauchen im Blickfeld des hochgradig Süchtigen nur noch peripher - wenn überhaupt - auf. Verantwortung für ein Du kann nicht mehr übernommen werden, denn das setzt immer die gesunde Einheit von Denken, Fühlen und Wollen voraus. So wird deutlich, daß eine wuchernde und alles andere beherrschende Gefühlswelt echte zwischenmenschliche Beziehung unmöglich macht.

Wir brauchen klare, hohe Gedanken, um mit der Zeitkrankheit Angst heilvoll umzugehen. Solche Gedanken finden sich zum Beispiel im Neuen Testament in den Abschiedsreden Jesu, wenn ER klar und unmißverständlich auf den ewigen Bestand SEINES Wortes und SEINES Reiches *in uns* hinweist. Dies kann in uns Gefühle der Hoffnung und Dankbarkeit wecken: Wir erfahren *gefühls- und gedankenmäßig* eine geistige Wahrheit, die uns Frieden schenkt.

Das Wollen

Der Wille drückt sich in einem Entschluß, einer Entscheidung für oder gegen etwas aus. Er stellt die Initialzündung kurz vor dem eigentlichen Handeln dar. Unser Wollen orientiert sich an den von uns wahrgenommenen Wahlmöglichkeiten. Leben beinhaltet ein ständiges Sichentscheiden-Müssen. Diese getroffenen Entscheidungen müssen wir verantworten, müssen unserem sich daraus entwickelnden Leben neu *antworten* können. Verantwortungslosigkeit heißt, die Konsequenzen meines Wollens, meiner getroffenen Entscheidungen zu ignorieren. Daraus folgt meist die Schuldprojektion auf andere "Sündenböcke" ("Das habe *ich* doch nicht gewollt . . . !"). Der heutige Mensch wird meist mehr "gewollt", als er selber aus seiner inneren Führung heraus will. Sein Wille ist hochgradig manipuliert, Wünsche und Bedürfnisse werden künstlich in ihm geweckt - siehe die aufwendige kommerzielle Werbung. So sollten wir echte, ursprüngliche Willensimpulse von künstlich induzierten unterscheiden. Die Frage lautet: Will ich wirklich, was ich da gerade will? Wer oder was will da in mir oder durch mich? Die Zeichnung auf Seite 30 soll deutlich machen, daß der Mensch mit seinem individuellen Reso-

nanzboden ständiger *Empfänger* von Gedanken-, Gefühls-
und Willensimpulsen ist. Dämonen, Naturgeister, Verstorbene und Engel (um die Wichtigsten zu nennen) treten mit
uns über die drei Impulsarten in Verbindung. An der Qualität der Einfälle können wir recht gut erkennen, aus welcher
Quelle sie kommen: Grobe, aggressive und lieblose Impulse
entstammen der dämonischen, niederen Welt. Hier wird
Druck und Zwang auf uns ausgeübt. Manch erdgebundene
verstorbene Seele möchte uns ihren Willen auch weiterhin
aufzwingen - ganz wie zu Lebzeiten. Dies führt von der
Umsessenheit bis zur Besessenheit.

Hohe Impulse fördern unseren inneren Entwicklungsprozeß, möchten uns Hilfe, Trost und Mut spenden. Doch
die Engel respektieren als Boten Gottes unsere Willensfreiheit und machen sich meist nur sehr fein und zart
bemerkbar. Mit *Engelsgeduld* warten sie auf uns, bis wir
endlich einmal innehalten und still werden. Echtes
Lauschen und Horchen kennen heute die wenigsten Menschen. Es wäre aber die Voraussetzung für das Empfangen
engelhafter Ideen und Lösungen.

Doch zurück zum Wollen. Die Dominanz des Wollens
zeigt sich in einem blinden Draufloshandeln. Nach dem
Motto "Ich gehe schon mal los, weiß aber noch nicht
wohin", begibt sich der Mensch auf eine gedanklich und
gefühlsmäßig nicht ausreichend gegründete Wanderschaft.
Er handelt, und *daran* orientiert sich sein weiteres Denken.
Wenn sein Wollen grenzenlos wuchert, wird er zum Tyran-
nen oder Triebtäter. Unfähig zum echten Mitgefühl mit
einem Du geht er über Leichen. Sein Denken dient nur noch
seinem überstarken Wollen: "Wie kann ich so raffiniert wie
nur möglich meinen Willen durchsetzen?" Der Wille zur
Macht, das Beherrschen anderer Menschen erfüllt die Seele.
Ob das Ganze dann verkaufsstrategisch, politisch oder im
Rahmen der Familie ausgelebt wird, spielt keine Rolle. Die
Grundhaltung bleibt immer dieselbe: "Ich will für mich!"

Das Du hat nur den eigenen Interessen zu dienen. Ziel des Individuationsprozesses aber ist es, mich selber im anderen zu erfahren und nur noch im gemeinsamen Interesse zu wollen - denn: ich bin du! "Liebe deinen Nächsten wie dich selbst" heißt dies in der Sprache Jesu. Für das vollendete Wollen kann es nur ein Ziel geben: die Liebe und Weisheit Gottes. Dann wollen wir zu unserem göttlichen Selbst (Gott in uns!) und erfüllen damit den Willen Gottes. Denn *wollen* können wir nur, weil ER in uns will. Wir sind und bleiben in letzter Konsequenz aus *einer* Quelle gespeist: aus Gott.

Denken und Fühlen (einschließlich der Gewissensimpulse) sollen als komplementärer Prozeß zur inneren Klarheit führen. Diese Klarheit führt zur Harmonie der Persönlichkeit: Es geht in mir ein Licht auf, wenn ich erspüre, was jetzt für meinen seelisch-geistigen Wachstums-prozeß sinnvoll ist beziehungsweise diesem dient. Damit komme ich in Einklang mit der Schöpfung und erfahre jene Harmonie, die immer die Folge einer inneren Wandlung und Hinwendung zur Liebe ist. Dies schließt die mit mir verbundenen Menschen (letztlich die ganze Menschheit sowie auch die Mineral-, Pflanzen- und Tierwelt) mit ein. *Entwicklung meint immer das Ganze* und kann nie isoliert ablaufen. Wenn ein Familienmitglied wichtige Schritte tut, so kommt dies auch den anderen zugute. Leben ist ständiger Austausch, verbal wie nonverbal. Dem eigenen Entwick-lungsprozeß zu folgen heißt, dem Ganzen zu dienen. Die innere Klarheit des Denkens und Fühlens führt dann zu einem liebevollen, ganzheitlichen Wollen und Handeln.

Sieben fundamentale Erfahrungen

Was macht das Wesen des Menschen aus? Wann und wie wird er *wesentlich* ? Eine Antwort fällt leichter, wenn wir uns die Grundstrukturen seiner Schlüsselerfahrungen zwischen Geburt und Tod vor Augen führen. Ich habe dabei sieben fundamentale Erfahrungen entdeckt, die jeder Mensch auf dem Weg der Individuation durchlebt. Sie sollen im folgenden näher beleuchtet werden.

1. Die Erfahrung von liebevoller Geborgenheit (Einheit)

2. Der Auszug aus der Geborgenheit (Einheit) in die Gespaltenheit (Zweiheit) der Welt: Bewußtwerdung durch Erkenntnis von Ich und Du - Freiheit, Kampf, Macht, Ohnmacht und Verzweiflung

3. Die Erfahrung von Furcht und Angst

4. Die Erfahrung von Schuld und Sünde - Leid und Schmerz

5. Die Erfahrung des Opferns, Loslassens, Sterbens

6. Die Erfahrung von Reue, Vergebung, Dankbarkeit (Sinn)

7. Die Erfahrung bedingungsloser Liebe

Diese Entwicklungsstationen markieren notwendige Prozesse auf dem Wege der Individuation, auf dem Wege echter Menschwerdung mit dem Ziel der Rückkehr ins

Vaterhaus, wie es das *Gleichnis vom verlorenen Sohn* im NT sehr anschaulich beschreibt. Wir werden bei den einzelnen Erfahrungen immer wieder dieses Gleichnis heranziehen, denn der verlorene Sohn, das sind wir - du und ich.

I. Die Erfahrung liebevoller Geborgenheit als Seele-Geist-Wesen in der jenseitigen Welt und möglichst auch während der Schwangerschaft im Mutterleib stellt einen Abglanz der Ureinheit mit Gott dar. Die Seele ist sich ihres Ichs noch nicht bewußt. Über ihren sich aufbauenden Körper verbindet sie sich immer mehr symbiotisch mit der Mutter und schwimmt in einem Meer der Wärme und des Versorgtseins. Sie braucht (noch) nichts zu leisten, ihr fehlt jegliche Eigenständigkeit (sie steht noch nicht für sich selber!), und so weiß sie nichts vom Spannungsfeld der Polarität, von Ich und Du, von der Absonderung aus der Einheit. Sie weiß nicht, d.h. sie erkennt noch nicht, denn jede Erkenntnis ist an die Aufspaltung in Subjekt und Objekt, ist an die Existenz der Gegensätze gebunden. Erst die Wahrnehmung der Polarität schafft Erkenntnisfähigkeit.

Der Mensch im Mutterleibe empfindet im Idealfall, daß alles sehr gut ist. Er ist Empfangender und braucht für sich selber nichts zu wollen. Mit der Geburt wird er in die ihn erwartende Seelenverwandtschaft mehr oder weniger freudig aufgenommen.

II. Die bergende Mutterhöhle, das schützende Haus, die vertraute Stadt und Umgebung, all das wird der Mensch auf seinem Lebensweg nach und nach verlassen und auf das freie, ungeschützte Feld hinausziehen. In ihm erwacht das eigene Wollen: Er will die Welt er- und begreifen, will sich aus der Symbiose mit der Mutter lösen, damit seine Seele in die Bewußtheit des eigenen Ichs, der eigenen Persönlichkeit wachsen kann. Die Seele wird durch die Wahrnehmung der

Polarität erkenntnisfähig: "Ich bin nicht du", diese Erkenntnis gründet das eigene, abgegrenzte Sein. Das Ich muß aufgebaut und zunächst in der Dominanz des Egos (Körper-Bewußtsein) gelebt werden. Es reift an seinen Entscheidungen und den damit verbundenen Konsequenzen: Saat und Ernte werden zum großen Lehrmeister der Willensfreiheit.

Immer wieder heißt es: erkennen, begreifen, sich entschließen, d.h. sich der Welt gegenüber öffnen, das eigene Geschlossensein aufgeben, Neues ins Bewußtsein hereinnehmen. Menschsein bedeutet, zur Entscheidung, zum Wählen verurteilt zu sein. Immer stehen wir vor der Wahl, können nur das eine tun und das andere lassen. Und dies beinhaltet der Begriff der Erbsünde im Kern: Wir können uns immer nur im Moment der einen Hälfte zuwenden und meinen ja auch, eine Hälfte immer als die bessere annehmen und die andere verdammen zu sollen: Der Tag, das Licht, Gesundheit und Gewinn sind unsere Ziele, doch die Nacht, die Finsternis, Krankheit und Verlust fliehen wir mit aller Kraft.

Leben aber heißt, beide Pole im rhythmischen Wechsel zu erfahren, da immer ein Pol nur aus dem anderen Pol heraus existieren kann. Erst wenn wir beide Pole durchlaufen haben, besteht überhaupt die Chance, in die dahinterstehende Einheit zurückzugelangen. Erst wenn das Ich sich am Du entwickelt und wundgerieben hat, wird es in seiner Verzweiflung die Tiefe des sündigen (von der Einheit abgesonderten) polaren Seins erreicht und ausgekostet haben. Wir müssen zunächst wie der verlorene Sohn am Schweinetrog des gespaltenen Bewußtseins angekommen sein, um die Sehnsucht nach dem Vaterhaus der Einheit klar in uns wahrzunehmen.

Der Erkenntnisprozeß führt immer wieder an neue Grenzen. Eine Frage ist gerade beantwortet, schon tauchen zwei oder drei neue Fragen auf. Ich häufe Wissen an, um Sicherheit in meiner unsicheren Existenz, in meiner Gottesferne zu schaffen. Doch meine Erkenntnis bleibt gespalten, unzureichend. Einheit, Gott, kann sie nicht fassen. Das analytische Denken bleibt im Zweifel, in der Zweiheit stecken, und genau das meint Sünde: Der Mensch ist nicht mehr in der Einheit, in Gott. Er erfährt sich in seinem Ich und erlebt sich getrennt vom Du: Er lebt in der Gespaltenheit.

Die Geborgenheit (Einheit) verlassen zu haben hat als mythologische Parallele die Vertreibung Adams und Evas aus dem Paradiese. Sie haben vom Baum der Erkenntnis gegessen und sind damit in die Welt der Polarität, der Erkenntnis von Gut und Böse, gefallen. Mit ihrem Nein zum Gehorsam (nicht vom Baum der Erkenntnis zu essen) haben sie den ersten Schritt in die bewußte Ich-Bildung getan. Aus der Unbewußtheit fallen sie in die Bewußtheit und wissen plötzlich, daß sie nackt sind. Der bereits vor ihnen gefallene, aus der Einheit mit Gott geflohene Erzengel Luzifer (lat.: Lichtbringer), Satan (Widersacher) oder Teufel (aus ahd. tiufal, von grch. diabolos: Verwirrer, Verleumder) verführt Eva, den weiblichen Anteil Adams (des Menschen = Adam!), in Gestalt der Schlange dazu, Erkenntniskraft aus seiner (Luzifers!) Hand anzunehmen.

In der jüdischen Mythologie wird dieser Fall Luzifers sehr beeindruckend beschrieben. In Jesaja, Kapitel 14, Vers 12 bis 15, lesen wir:

Wie bist du vom Himmel gefallen, du schöner Morgenstern! Wie wurdest du zu Boden geschlagen, der du alle Völker niederschlugst! Du aber gedachtest in deinem Herzen: Ich will in den Himmel steigen und meinen Thron über die Sterne Gottes erhöhen; ich will mich setzen auf den Berg der Versammlung im fernsten Norden. Ich will auffahren über die hohen Wolken und gleich sein dem Allerhöchsten: Ja, hinunter zu den Toten fuhrest du, zur tiefsten Grube.

44

Luzifer zieht den Menschen in die Welt der Gespaltenheit, der Formenvielfalt mit ihren Täuschungen. *Der
Mensch*, aufgespalten in Mann und Frau, steigt hinab in das
Tal der Finsternis, der dunklen, kalten Materie. Er verfällt
in einen Bewußtseinsschlaf, in die traumhafte Täuschung
der gespaltenen Wahrnehmung, um irgendwann aus diesem
Schlaf zu erwachen, um irgendwann den Weg zurück ins
Vaterhaus bewußt und aus freiem Willen anzutreten. Er
weiß nicht mehr, daß er aus Gott, der Einheit, in die Gottesferne gekommen ist. Er kennt sein göttliches, tief in ihm
wohnendes wahres Wesen nicht mehr. Später, nach langen
Leidensprozessen, wird ihm in Jesus Christus sein in ihm
schlafendes göttliches Wesen von außen entgegentreten. ER
nimmt dann den Fluch der Erkenntnis, den Fall aus der Einheit mit Gott, auf sich und wirkt so Erlösung für uns.

Jesus Christus durchleidet in qualvoller Weise den
größtmöglichen Schmerz der Gottesferne, um dem verlorenen Sohn die Tür zum Vaterhaus zu eröffnen. *In sich*
vereinigt Jesus in seiner Vollendung am Kreuz alle Gegensätze und überwindet damit die Grenzen und Täuschungen
des polaren Bewußtseins. Was der Mensch Adam sich
nahm und schuf, nämlich das *Ich*, dies opfert Jesus am
Kreuz um der Einheit, der Liebe willen.

III. Die Erfahrung der Furcht und der Angst wird für
den Menschen zur Wirklichkeit. Er hat sich selber mit dem
Essen vom Baum der Erkenntnis in die Welt der Schuld und
des Todes verbannt. Mit seiner Ich-Bildung wird er mit dem
Nicht-Ich, dem Unbekannten, konfrontiert, und Angst und
Furcht steigen in ihm auf. Furcht bezieht sich auf etwas
konkret Wahrnehmbares (zum Beispiel das Feuer oder die
Schlange); Angst meint immer etwas Unfaßbares, Unbe-
nennbares, das sich als Bedrohung gefühlsmäßig in der
Seele ausbreitet. Das tobende Gewitter, die schwarzfinstere
Nacht, das brennende Gehöft, all diese Erfahrungen prägen

sich dem Menschen tief in seine Seele ein und wirken in der Ausgestaltung seines Schicksalsweges.

Die Seele des Kindes erlebt die Kräfte und Naturgewalten in wesenhafter Art: Zwerge, Gnome, Elfen und viele andere Wesen werden in den ersten Lebensjahren noch als natürlicher Bestandteil dieser Welt wahrgenommen. Erst später setzt mit der Ich-Ausbildung (Trotz- oder Neinphase) langsam das abstrakte Denken ein. Die Seele gewinnt Abstand zur eigenen Gefühlswelt, ihrem innersten Grund. Der Erwachsene wird versuchen, den Gefühlen der Furcht und der Angst mit seinem Denken zu begegnen. Das Erkennen des Sinnzusammenhanges und der eigentlichen Ursachen kann ihm ein Stück weit helfen, sich der Angst zu stellen.

Doch was er noch notwendiger braucht, ist ein Funke Urvertrauen und die Erinnerung an den Zustand vollkommener Geborgenheit (Einheit), zumindest eine Annäherung zur Einheit. Es geht um die Gotteserfahrung im eigenen Herzen, deren Wurzeln im rein Geistigen liegen: Dort, wo alle Finsternis und Angst, wo die Täuschung des polaren Bewußtseins aufhört und nur Liebe (Einheit) erfahren werden kann. Im 23. Psalm begegnet uns solch eine Haltung, die in der größten Not an der Hilfe und Geborgenheit in Gott festhält. David lobt und preist hier die Hilfe Gottes, die dem echten Sucher in der Konfrontation mit der eigenen Finsternis zuteil wird:

»Der HERR ist mein Hirte, mir wird nichts mangeln. ER weidet mich auf einer grünen Aue und führet mich zum frischen Wasser. ER erquicket meine Seele. ER führet mich auf rechter Straße um SEINES Namens willen. Und ob ich schon wanderte im finstern Tal, fürchte ich kein Unglück; denn DU bist bei mir, DEIN Stecken und Stab trösten mich. DU bereitest vor mir einen Tisch im Angesicht meiner Feinde. DU salbest mein Haupt mit Öl und schenkest mir voll ein. Gutes und Barmherzigkeit werden mir folgen mein

Leben lang, und ich werde bleiben im Hause des HERRn immerdar.«

In diesem Psalm wird in kurzen Umrissen der Weg des Menschen aus der Zweiheit zurück in die Einheit mit und in Gott beschrieben. Gott möchte uns alle erdenklichen Hilfen schenken, damit die Aufgabe der Wegbeschreitung, die Verwirklichung der »Religio«, gelingt. Es soll an nichts mangeln, was dem Ziel, der Vereinigung des Menschen mit Gott, dient. Materielles (das Bild von der grünen Aue) wie Seelisches (frisches Wasser) darf der Mensch für seine Ich-Bildung empfangen. Doch mit der Ich-Bildung wird der Weg in das finstere Tal (die bewußtseinsmäßige Täuschung, die Gefangenschaft in der Polarität) beschritten. Die Furcht vor drohendem Unglück wird durch das Vertrauen in die Führung Gottes überwunden: Der Mensch schreitet mutig durch die eigene Seelenfinsternis.

Der Wille Gottes, alles zur Einheit und Liebe hin erschaffen zu haben (Stecken und Stab), wird die Seele trösten und Hoffnung in der Verzweiflung aufkommen lassen. Die Begegnung mit den eigenen inneren und äußeren Feinden wird zur Aussöhnung mit ihnen führen. (Ich wage hier eine tiefenpsychologische Deutung: Ich nehme meinen Schatten, das Böse *in mir*, an - genau dies führt zum "gedeckten Tisch" eben im Angesicht meiner Feinde, die ein Teil von mir sind! Dies meint die Vereinigung der Gegensätze und die Verwirklichung der Einheit *in mir*!) Die Salbung des Hauptes kann nun, nach der Vereinigung der Gegensätze, vollzogen werden: sie ist Symbol der Einheit, der Gottessohnschaft. Im Gleichnis des verlorenen Sohnes wird dem Zurückgekehrten ein neues Kleid angezogen: Er ist nun ein anderer, ist bewußtseinsmäßig gewachsen, denn er weiß um die Einheit mit Gott (dem Vater) durch die Erfahrung der Gottesferne. Der im Hause des Vaters verbliebene andere Sohn kann die freudenvolle Frucht des Heimkehrens nicht genießen. Wer nie ungehorsam war, weiß nicht, was Vergebung der Schuld (die Überwindung der Gespaltenheit des Bewußtseins!) bedeutet.

Der gefallene Mensch muß aus dem Vaterhaus ausziehen, um als ein Verwandelter zurückkehren zu können. Nur durch das Fehlermachen, die Erfahrung, daß uns etwas fehlt (nämlich immer die eine, ungeliebte Hälfte zur Ganzheit), können wir zur Einheit finden. Dann, aber auch erst dann, wird uns "voll eingeschenkt" (vermutlich ist hier Wein als Symbol des Geistes, der Wahrheit, gemeint), wird das Kalb zum Festmahl geschlachtet, dann erfahren wir die Fülle der Wahrheit und sind in Gott frei.

Der Zurückgekehrte erkennt, daß alle Schritte seines schmerzvollen Weges mit dem Gutem und der Barmherzigkeit Gottes gesegnet waren und sind. Es kann dem Menschen nur Liebe im Leben begegnen, denn er lebt absolut in Gott. Sein innerstes, vergessenes Wesen ist Geist aus Gottes Geist. Wenn er die geistige Wiedergeburt vollzogen hat und ganzheitlich zu leben beginnt, wird er bewußt im Geiste Gottes, *im Hause des HERRn*, ewig bleiben.

Furcht und Angst stellen wichtige seelische Erfahrungen dar. Ihre Überwindung bedeutet, sich mit dem ungeliebten dunklen Schatten auszusöhnen, eben den Weg zurück in die Einheit Gottes zu beschreiten. In der Offenbarung Johannes wird uns die verheißungsvolle Zusage gemacht, daß der Überwinder alles ererben wird: "Wer überwindet, der wird es alles ererben, und ICH werde sein GOTT sein, und er wird MEIN Sohn sein." (Offb.Joh. 21,7). Nur wer den Weg durch das finstere Tal der eigenen Seelennacht gegangen ist, kann die Köngssohnschaft empfangen. In vielen Märchen und Mythen finden wir immer wieder die Aufgabe der verwandelnden Überwindung: Wachse über dein kleines Ich, das nur Folge deines Abfalls aus der Einheit ist, hinaus in dein göttliches Selbst! Denn nur dort kannst du Gott, Einheit, Liebe erfahren.

IV. Die Erfahrung von Schuld und Sünde beinhaltet die Begegnung mit dem Bösen. Das polare Bewußtsein an sich +ist sündig und damit böse, da es in der Absonderung von der Einheit existiert. In der Einheit selber, im Geistigen, gibt es keine Absonderung und damit auch keine Schuld, Sünde oder das Böse.

Doch nun zu jener uns vertrauten Wirklichkeit, in der wir das Böse, den Schatten, zunächst als äußeres und im Laufe der Seelenentwicklung auch als inneres Phänomen erfahren. Meist erlebt das Kind die Nacht mit ihren Schreckensgestalten als furchterregend und böse. Es wird - noch halbbewußt - mit dem eigenen Seelenschatten konfrontiert. Die Einsamkeit der Nacht und das von Albträumen Verfolgtsein lassen eine Ahnung dunkler Mächte in ihm emporsteigen. Dieses Unbekannte, Nicht-Greifbare (Nicht-Begreifbare) tritt nun der Erfahrung des Urvertrauens und der einstigen völligen Geborgenheit gegenüber. Es entsteht ein Spannungsfeld, in dem allein seelische Entwicklung, eben wirkliche Bewußtseinserweiterung möglich ist.

Der Erwachsene hat hier die Aufgabe, das Kind in all seinen Erfahrungen ernst zu nehmen (ihm zuzuhören!) und mit ihm gemeinsam das Erfahrene auf kindgemäßer Ebene gedanklich zu verarbeiten. Hier helfen am besten die Märchen und christlichen Mythen weiter (zum Beispiel auch Schicksalserfahrungen biblischer Gestalten wie die des David oder Daniel), denn das Kind lebt noch stark auf der Ebene des Bildes und des Fühlens. Der Glaube an den Sieg des Lichts der Liebe, die das Böse, Dunkle annimmt und liebend verwandelt (siehe auch »Der Froschkönig«!), sollte immer wieder auf diese Weise gestärkt werden. Das gesprochene Abendgebet mit der Bitte um den Schutz der Engelwelt Gottes stellt ein wichtiges Werkzeug in der Hand des Kindes dar. So wird es sich langsam der Macht des gesprochenen (schöpferischen) Wortes (Gebetes) bewußt, wenn es selber die Bitte um Schutz und Führung unter elterlicher Anleitung ausspricht.

Es sei hier noch mal betont, wie wichtig es ist, das Kind mit seinen Ängsten ernst zu nehmen. Wenn der Erwachsene Äußerungen des Kindes als unwichtig und belanglos abtut ("Stell dich nicht so an . . .!"), dann wird dem Kind die Wahrhaftigkeit seiner subjektiven Erfahrung abgesprochen ("Das ist schon nicht so schlimm, das gibt es doch gar nicht . . .!") und es zieht sich resigniert in stiller Verzweiflung zurück. So werden erste schwere Schäden im Sinne des Vertrauensverlustes verursacht. Das Kind leidet an einem unlösbaren Konflikt: Es hält seine Wahrnehmungen zunehmend für unwirklich (denn der Erwachsene muß doch wohl den Überblick haben), obwohl es zugleich von diesen Wahrnehmungen angstvoll geplagt wird. Die Seele traut am Ende ihren eigenen Gefühlen und Gedanken nicht mehr. Daß dieses Phänomen der Gefühlsverleugnung auch in der Erwachsenenwelt sehr verbreitet ist, werden wir später noch eingehend beleuchten.

Doch zurück zu Schuld und Sünde. Das Böse zeigt sich uns allein schon in der *Möglichkeit*, lieblos-egoistisch handeln zu können beziehungsweise zwischen Gut und Böse *entscheiden zu müssen*. Der Entscheidungskonflikt ist ein typisches Merkmal des polaren, gespaltenen Bewußtseins. Die griechische Tragödie hat diesen Umstand sehr treffend erfaßt: Ganz gleich, wie auch immer ich mich entscheide, ich werde *als Mensch* scheitern, d.h. sündig bleiben. In der Einheit hingegen gibt es keine Unterscheidung und damit auch keine Wahlmöglichkeit. Dort ist eben alles *eins*, miteinander ausgesöhnt und ineinander bestehend. Und genau das ist für uns Menschen gedanklich nicht faßbar. *Einheit läßt sich nicht denken*. Sie kann nur erfahren werden. Dann sind der Beobachter und das Beobachtete wieder eins. Das ist das Ziel der Individuation: wieder Ungeteilter, **All**einiger zu sein.

Schauen wir uns die Problematik auf einer vielleicht faßbareren Ebene an: Das Böse, Dunkle zeigt sich in der Abwesenheit der Liebe, des Lichts. Wir müssen dabei immer bedenken, daß dies einzig und allein das menschliche Bewußtsein betrifft. Für die Pflanze oder das Tier existiert das sogenannte Böse nicht. Auf- und Abbauprozesse in der Natur, das Fressen und Gefressenwerden sind natürliche, wertfreie Vorgänge, die höchstens von uns Menschen mit moralischen Begriffen versehen werden. Gäbe es kein Sterben und würde alles so bleiben, wie es ist, Entwicklung wäre unmöglich geworden. Leben aber ist ja dynamische, ständige Wandlung und spannt sich auf zwischen Geburt und Tod.

Das Böse, Dunkle definiert sich also durch ein Nichtwahrnehmen der Liebe, des Lichts. Liebe und Licht aber stehen immer für Ganzheit, Einheit oder Gott. Dort, wo die Einheit bewußtseinsmäßig nicht wahrgenommen wird, entsteht ein Mangel an Licht und Liebe. Dieser Mangel an Licht kann mit einem Mangel an Wahrheit gleichgesetzt werden. Und genau das nennen wir Täuschung oder Irrtum. Es ist das kleine Kind, das beim Versteckspiel einfach die Augen schließt und glaubt, die anderen könnten es nicht mehr sehen. Nur weil es selber buchstäblich im Dunkeln steht, schließt es von sich auf die anderen: "Ich kann nichts sehen, also können die anderen auch nichts sehen!" Das ist seelische Blindheit, das ist der Mensch in der Gefangenschaft seines Ich-Wahns. Wie kann diesem *wahn-sinnigen* Menschen (seine Sinne täuschen ihn!) geholfen werden? Wie kann er von seinem Leiden, das auf Wahn und Täuschung beruht (siehe die neun Irrtümer der Seele, Seite 26 - 28!), befreit werden?

Aufzuwachen wäre die Lösung. Genau das würde ihn von seinem Ich-Wahn, dem Glauben an die Illusion der Polarität, befreien. Das Licht der Liebe bräuchte nur in das Innerste der Seele zu leuchten, und all das im verborgenen gedeihende Dunkle würde in Licht verwandelt werden. Immer verwandelt das Licht einer brennenden Kerze die sie umgebende Finsternis in Licht. Nie ist es der Finsternis gelungen, sich in das Kerzenlicht zu stürzen und es auszulöschen. Der Mangel wird immer durch die Fülle überwunden. Die Wahrheit verwandelt immer die Täuschung, löst den Irrtum auf. Dies in den Tiefen der eigenen Seele zu begreifen, diese Grundwahrheit zu *erfühlen*, wird unser Irrtumsgemäuer ins Wanken bringen und erzittern lassen. Hierzu dienen uns verschiedenste Wege der Bewußtwerdung, zum Beispiel der Weg der christlichen Meditation.

Die Überwindung des Irrtums, der in unserem Denken (**polaritäts**gebunden) und Fühlen (**Angst** aufgrund der Freund-Feind-Psychose bzw. der Abgrenzung des Ichs vom Du) wurzelt und dann unser Wollen und Handeln infiziert, ist unsere Aufgabe auf dem Weg des verlorenen Sohnes zurück ins Vaterhaus. Nur allein, aus eigener Kraft, werden wir das nicht schaffen. Wir brauchen Hilfe. Wir sind als Menschen zutiefst erlösungsbedürftig.

Die Einheit, die vollkommene Liebe und Wahrheit, ist uns hier auf Erden in Jesus Christus erschienen. ER ist gekommen, um die Werke der Finsternis, des Irrtums zu zerstören. Allein seine Anwesenheit unter den Menschen genügte, um als Stein des Anstoßes Aufsehen zu erregen. Wahrheit provoziert den Irrtum, denn sie ist des Irrtums Tod. Der in der Täuschung gefangene und verharrende Mensch muß vor der Wahrheit, der alles durchdringenden Liebe, Angst haben. Dieser Liebe zu begegnen heißt nämlich, das eigene Ich in Frage zu stellen, die Bewußtseinsgrenzen des Ichs, die Mauern der neun Sünden, aufzulösen.

Jesus kam, um den Menschen von seinen Irrtümern zu heilen, ihn aus dem Kerker seines Ich-Turms zu befreien. Das heißt aber, daß dieser Ich-Turm mit seinen Mauern der Täuschung einstürzen muß. Und dies meint Opfer und

Sterben. Das aufgebaute Ich darf nun zum Opfer gebracht werden. Doch dies ist uns aus eigener Kraft nicht möglich. Die Erhaltung dieses Ichs um jeden Preis ist ja ein wesentlicher Teil des illusionären Spiels. Freiwillig aus uns selbst heraus können wir das nicht vollziehen. Wer vermag sich schon am eigenen Schopfe aus dem Sumpf zu ziehen?

Aber gerade darum kam Jesus damals in diese Welt der Täuschung und kommt ER auch heute noch zu uns in unsere Innenwelt: Um mit uns den Weg der Wandlung, des Opfers, zu gehen. ER ging voraus als einer, der unschuldig war, d.h. als einer, der der Täuschung nicht erlegen war (siehe Versuchung in der Wüste). ER war (und ist) die personifizierte Wahrheit und ließ sich von der Täuschung kreuzigen, nahm sie liebend auf Golgatha an. Und es folgte Ostern: der Sieg des Lichts der Liebe über allen Irrtum.

Eine der grundlegenden Fragen im Hinblick auf den zu gehenden Erlösungsweg lautet: Bin ich bereit, in die dunklen Tiefen meiner Seele hinabzusteigen und mich mit dem eigenen Schatten, meinem Schuldig- und Sündigsein zu konfrontieren? Echte Seelenheilkunde (die Kunde vom Heil der Seele!) wird um diese zentrale Frage nicht herumkommen. Es kann nicht angehen, irgendwelche "Verdrängungs- und Seelenbetäubungsmittel" (Psychopharmaka) zu verschreiben und gleichzeitig den Anspruch zu erheben, damit den Menschen heilen zu wollen. Die Hinführung zum *Heiland* in uns ist die eigentliche Aufgabe des Arztes und Priesters *in einer Person*.

Die Grundhaltung der noch unreifen, in ihrem Irrtum fest verstrickten Seele heißt: "Böse und schuldig sind immer die anderen!" Hier wird die eigene Lieblosigkeit (im folgenden soll dieser Begriff als Synonym für das Böse, Finstere oder unreife Gute gebraucht werden) nach außen auf ein Du projiziert. Wir haben es mit dem Phänomen des Sündenbocks zu tun, auf den man alle eigene Schuld bindet und der dann in die Wüste zum Sterben gejagt wird - ein alter Opferbrauch des frühen Judentums.

In unserer Gesellschaft und besonders in der Politik ist das Spiel der Schuldprojektion äußerst verbreitet und beliebt. Doch im Laufe der Entwicklung wird jeder Mensch mit seiner ganz persönlichen Lieblosigkeit und Schuld konfrontiert. Verdrängt die Seele hartnäckig die Wirklichkeit des eigenen Schattens, so wird sie über Schicksalsschläge wie Krankheit, Streitigkeiten und Verluste wieder auf ihre eigenen Irrtümer aufmerksam gemacht. Wenn wir unehrlich mit unserer Seelenwelt umgehen und immer die dunkle Seite leugnen, werden wir schmerzvoll mit der Wahrheit kollidieren - oder wir werden scheinheilig.

Das Böse übt eine große Faszination auf den Menschen aus. Verführerisch naht es sich der Seele, begegnet ihr mit schlauen, schmeichelnden Argumenten, um sie zur lieblosen Tat zu bewegen. In der Anthroposophie Rudolf Steiners werden zwei verschiedene Aspekte des Bösen klar unterschieden: Luzifer, das Schwärmerische, Auflösende, ins nebulös Gehende - die gefühlsmäßig egoistische Kraft, im Bild der Schlange sich zeigend, den Menschen blendend und täuschend; daneben steht Ahriman, der Festlegende, Verknöchernde, der mit dogmatischen Denkschablonen zum Beispiel im Mittelalter in der Gestalt des Inquisitors viele Frauen als Hexen verbrennen ließ; er erscheint im Bild des Drachen. Ahrimanischer Natur sind in unserer Welt zum Beispiel alle grau-kalten Computer-Techniken, die das Leben in vorgegebenen Denkschablonen mit Rechner und Tastatur verknöchern und absterben lassen. Daß diese technischen Möglichkeiten auch Hilfen für den Menschen darstellen, ist keine Frage. Nur haben besonders viele Jugendliche ihr Leben dem Computer "verschrieben" und reduzieren ihr Sein damit auf tote Programmprozesse, die mit seelischer Gemütskraft und Empfindsamkeit nichts mehr zu tun haben. Der tote Computer ist zum Lebenspartner geworden.

Die Lieblosigkeit offenbart sich im Bereich des Denkens als Irrtum und Lüge, im Bereich des Fühlens als Haß, Antipathie und Angst und im Bereich des Wollens als die Fähigkeit, Liebloses zu tun. Auf dem Weg durch das finstere Seelental begegnet der ehrlich suchende Mensch der geistigen Kraft, die wir als das Böse oder die Erkenntnisfähigkeit bezeichnen können. Er erlebt sie als *Versuchung* und *Bedrohung* in sich selber. Diese beiden Aspekte zeigen sich uns heute besonders deutlich in der modernen Wissenschaft, die Wissen (Erkenntnis!) schafft, indem sie analysiert, also das Leben in seine kleinsten Teile aufspaltet. Dieser Prozeß, so spüren immer mehr Menschen, beschert uns einen zweifelhaften, eben von Menschen gemachten "Segen", der in vielen Bereichen zum Fluch geworden ist: Die Atombombe sowie die vielen tickenden "Giftbomben" der chemischen Industrie zum Beispiel sind zur Bedrohung unseres physischen Lebens geworden. Dem gegenüber steht der Drang des Wissenschaftlers, zu versuchen, was nur möglich ist: die luziferische Versuchung schlechthin!

Die Seele wird während ihres Inkarnationsprozesses zum fehlenden Lebenspol, vom Licht zur Finsternis, geführt. Dies darf und muß so sein, wenn ein wirkliches Verständnis für das Leben und für die hinter allem Polaren stehende Einheit Gottes in der Seele wachsen soll. Nur durch beide Seiten wird spannungsreiches Leben möglich. Diese Spannung zeigt sich als eine uns wandelnde Kraft und ermöglicht körperliches wie seelisch-geistiges Wachstum.

Der in die eigene Tiefe steigende Mensch beginnt, die Mauern und Grenzen des Verschweigens, Verleugnens und Verdrängens aufzulösen. Er stellt sich seiner individuellen Realität, mag sie subjektiv erlebt auch noch so dunkel und lieblos sein. Er ahnt, daß nur das Licht der Liebe Verwandlung und Erlösung schenken kann.

Es ist ein großes Wagnis, das dualistische Denken zu verlassen und damit alle intellektuellen "Sicherheiten" von Gut und Böse, Richtig und Falsch in Frage zu stellen. Wenn die alten moralischen Standpunkte verlassen werden, führt dieser Weg für das Denken ins Ungewisse, in die Begegnung mit dem Unbewußten, eben jenen Seelenanteilen, die wir meist nur im Äußeren zu erkennen vermögen: der Dieb, der Mörder, der Terrorist und der Vergewaltiger, das sind immer die anderen. Daß aber all dies potentiell in mir steckt, daß ich mich von all dem nicht mit letzter Sicherheit freisprechen kann, genau dies wird beim Abstieg in das Schattenreich der Seele schmerzlich bewußt. Wir projizieren unbewußt den eigenen Schattenanteil nach außen, was zu den sogenannten "Feindbildern" führt. Wollen wir aber ganz und heil werden, geht es um das Zurücknehmen genau dieser Projektionen, damit beide Hälften der Wirklichkeit in uns zusammengefügt werden. Die Frage "Was bekämpfe ich mit aller Kraft?" ("Worauf reagiere ich seelisch und/oder körperlich allergisch?") ist ein entscheidender Schlüssel zum Schloß der verborgenen "Projektionsräume" in unserem Seelenhaus.

Die Einsicht über meine Feindbilder, daß "das auch ich bin, denn es gibt kein Nicht-Ich, in Wirklichkeit ist jeder mit jedem verbunden, denn wir sind alle Nachfahren Adams", diese Einsicht wird dann zur *fühlbaren* Realität. Dies ist ein notwendiger Schritt, denn so können wir uns der tieferen Bedeutung des Ereignisses von Golgatha bewußt werden: dann erahnen wir, was die Gnade JESU CHRISTI beinhaltet.

Jeder erlebt seinen persönlichen Karfreitag und seinen persönlichen Ostermorgen. All das will sich *in uns* ereignen. Der Gang in die Seelentiefen hat als Parallele die Qualen Jesu am Ölberg und SEINEN folgenden Leidensweg bis ans Kreuz. Unsere Unterwelt tut sich auf, und wir erschrecken zutiefst. Wir beben und zittern. Der Gang zum

Gegenpol unseres Seins führt uns in die größte Lebensspannung hinein: der Mensch, aufgespannt zwischen Himmel und Hölle.

Ich habe solchen Abstieg einmal in der folgenden Weise in inneren Bildern und Gefühlen erlebt (auf eine Deutung möchte ich bewußt verzichten, da sie im Bereich des "Kopfes" bleibt und Gefühltes nicht transparent machen oder vermitteln kann):

»Ich war wie Kain, der in sich selber etwas tötet. Als ich um Klarheit dann gebetet, weckt mich um Mitternacht eine Gestalt. Sie fragt mich, wer *ich* denn sein wollte, welch Rolle ich zu spielen heut` beliebte: den Helden, Retter, einen guten Deutschen oder gar einen Märtyrer? Sicherlich Rollen, in die ich leicht und gern hineinschlüpfte, besonders des Tags, da die Augen vieler bewundernd schauen würden. Aber was geschah des Nachts, welche Rolle bemächtigte sich da meiner Seele? Geisterte nicht auch ein römischer Prokurator, ein SS-Soldat oder gar ein Göbbels in meinem Inneren herum?

Und die Gestalt vor mir hielt eine Art Fensterglas in ihrer Hand, ja, wie ein Fenster sah es aus. Ich blickte näher hin und erschrak: Da waren sie alle, jene dunklen Brüder, all die Kains, die ihren Abel schon erschlagen hatten. Ich sah sie überdeutlich, doch je näher und genauer ich hinschaute, desto mehr erschrak ich und erstarrte:Ich sah mich!

Dann war es totenstill. Das Unerträgliche umringte mich. Ich war gestürzt, war nicht mehr fähig, das Unfaßbare abzuwehren. Mein Sein hatte ich verwirkt, war nicht mehr lebensfähig. Mich dürstete nach Auflösung, nach dem "Was wäre, wenn ich nicht mehr wäre". Zeitlebens war ein Blinder ich gewesen und hatte in dem Wahn gelebt zu wissen, wie die Dinge beschaffen seien. Zu sehen hatte ich geglaubt. Nun, da ich um Mitternacht erwachte, sah ich die eigene Finsternis. Sie war in mir, und ich hätte tausend Lichter zur Verwandlung all des Schwarzen anzünden können mit meiner rechten Hand, die linke aber wäre gleich gekommen und hätt` mit hämischer Freude eines nach dem anderen erstickt.

In mir war dies: Kain hatte Abel erschlagen. Er tat es immer wieder, denn Abel starb und erwachte und starb aufs neue. Adam in mir sah das tragische, qualvolle Spiel und weinte bitterlich. Er erkannte seine Söhne in sich selber und sehnte sich danach zu sterben, um irgendwann neu erschaffen zu werden.«

V. Die Erfahrung des Opferns, Loslassens und Sterbens

Wir haben gesehen: Es ist ein Teil des menschlichen Entwicklungsweges, in die Verstrickungen von Schuld und Sünde zu geraten. Unser Menschsein in der Gottesferne beinhaltet die Absonderung von der göttlichen Quelle und die Hinwendung zum Bereich der Täuschung und des Irrtums. Das Ich ist hinabgefallen in die dunklen Kellerräume der neun Sünden. Es wird von den unerlösten Kräften des Ego bedrängt und hat die Verbindung zum Selbst, dem göttlichen Wesenskern, bis auf einen minimalen Lebensfaden verloren. Das Böse (Lieblosigkeit) spielt sich ausschließlich im Bewußtsein des Menschen ab. Pflanze und Tier leben relativ unbewußt, eben instinktgebunden im Rahmen der Gruppenseele. Das Fressen und Gefressenwerden bilden für sie keine moralisch-ethische Größe. Erst der Mensch mit seinem reflektierenden Denken und fühlenden Gewissen kann sich seines Denkens, Fühlens, Wollens und der Konsequenzen voll bewußt werden. Er begegnet in sich selber dem Geist der Erkenntnis (Luzifer) und steht so vor der Wahl, liebevoll oder lieblos handeln zu können. Wenn das Seelen-Ich erwacht ist und sich langsam zum Selbst hin ausstreckt, kann es erkennen, wo und wann mit einem harten Wort der Entwicklungsprozeß eines Mitmenschen gefördert oder gehemmt wird. Ihm wird bewußt, daß

Liebe immer das Leben des Du in seiner Einmaligkeit fördert. Und Fördern heißt, das Wesen des Lebens, seine wunderbare göttliche Ordnung und Harmonie zu erkennen und zu erfüllen.

Das Wesen der Liebe - im natürlichen Sinne das Grundprinzip des Lebens - läßt sich am deutlichsten mit Opferbereitschaft kennzeichnen. Der Mensch soll auf Erden das Opfern und Loslassen lernen, *weil* es den Schlüssel zur Fülle des Seins in sich trägt. Denn jedes Opfer bildet zugleich eine Saat, auf die eine Ernte, neues Leben folgt. Opfern heißt loslassen, hingeben um des größeren Ganzen, um der Liebe willen. Nur aus dem Vergehen kann neues Werden entstehen. Nur aus den Abbauprozessen können sich die neuen Aufbauvorgänge entwickeln. Geburt und Sterben sind zwei Seiten einer Medaille.

Im allgemeinen opfern wir Menschen ungern, ja, wir wehren uns mit allen Kräften, die dem Ego zur Verfügung stehen, dagegen. Im kleinen fangen wir an, das Opfern oder Loslassen zu üben. Die Bezahlung beim Kauf einer Sache ist eigentlich auch ein Opfer, bloß daß hier sofort der Ausgleich, die Ernte, folgt. Ich erhalte das Pfund Kartoffeln und habe dafür bezahlt. Der Bauer hingegen muß eine Zeitlang warten, bis aus der in den Boden gelegten einen Kartoffel viele neue werden. Er opfert die Mutterkartoffel, die im Boden zerfällt und stirbt. Nur so kann neues Leben, können neue Kartoffeln entstehen. Um ernten zu können, muß ich vorher gesät haben, und zwar möglichst Saatgut von bester Qualität. Ich muß also vom Besten geben, um ein Vielfaches dessen wiederzuerlangen. Es wäre Dumm-heit, das ganze Saatgut aufzuessen. Ein Teil muß in den Bo-den, muß geopfert werden, um neue, vielfache Frucht zu bringen. Es gilt das Prinzip: Was von mir ausgeht, das kehrt vielfach zu mir zurück. Im materiellen, grobstofflichen Bereich des Lebens haben wir dieses Gesetz von Saat und Ernte recht gut begriffen. Warum aber fällt es uns so schwer, dieses Gesetz von der Körper- auf die Seelenebene zu übertragen? Vielleicht, weil zwischen Saat und Ernte in unserer materiellen Welt Zeit vergeht.

Der Mensch sät nicht nur Weizen, Kartoffeln oder Geld ("investiert") aus, sondern auch Gefühle, Gedanken, Worte und Taten der Liebe oder der Lieblosigkeit. Dies geschieht genaugenommen jeden Augenblick seines Lebens. All das Ausgesäte kehrt vielfältig zu ihm zurück. Ein Weizenkorn fällt in den Boden, und 20, 30, ja bis zu 50 Weizenkörner finden wir an einer neuen Ähre. Der Vervielfältigungseffekt ist erstaunlich groß und um einiges intensiver auf der energiereicheren Seelenebene.

Opfern, Loslassen, Hingeben, dazu sagt der Geist der Erkenntnis in uns »nein«. Luzifer hat dem Ich seine Irrtümer, die neun Sünden, fest eingeimpft. Er ist der logisch Denkende in uns und bleibt auf diese materielle Welt bewußtseinsmäßig fixiert. Was ich im materiellen Dasein weggebe (aussäe), das habe ich zunächst nicht mehr. Bis zur neuen Ernte vergeht Zeit. Die luziferische Kraft in uns aber will besitzen, anhäufen, herrschen. Wir leben in einer Haben-Gesellschaft, die verlernt hat, die Dinge im Fluß zu halten. Dies führt zur seelischen Erstarrung und Verknöcherung - auf der Körperebene plagt uns dann zum Beispiel die Volkskrankheit *Rheuma*. In der westlichen Welt, besonders in Amerika, dem "Land der unbegrenzten Möglichkeiten", wird die kindliche Gier, Spielzeuge verschiedenster Art zu sammeln und sich darin zu verlieren, ungeniert von kleinen und "großen" Kindern ausgelebt. So kommt es dann zu folgendem Satz auf einem Autoaufkleber, der dieses "Spiel" sehr treffend charakterisiert: "Wer stirbt und das meiste Spielzeug hat, der hat gewonnen!"

Das Leben selber stellt uns angesichts der fortschreitenden Umweltzerstörung die Frage, ob wir vom Haben endlich zum Loslassen und damit zum wirklichen Sein und Leben finden wollen. Will das Ich sich weiterhin von den

Forderungen und "Sachzwängen" des Ego tyrannisieren lassen und der engstirnige, nur auf seine logischen Gedankengänge vertrauende Materialist bleiben oder gelingt ihm der Sprung in ein Bewußtsein der liebevollen Verantwortung füreinander (und für das Ganze)? Der Materialist glaubt nur an das, was er sieht. Was er aber nicht sehen will, sind die Müllberge seines krankmachenden "süßen Lebens". Und so beschönigt, verharmlost, verdrängt und verleugnet er auf raffinierte Weise die eigenen Müllberge und wird für die Alarmzeichen der physischen wie seelischen Vergiftung und Verkrüppelung zunehmend unempfindlich.

Im mystischen Sinne meint Opfer auch Versöhnung, Aussöhnung mit Gott, dem Leben selber. Es drückt die Haltung aus, das eigene Sein und Eigentum immer wieder neu in die Hände des Schöpfers zurückzulegen. Sich von allem zu entäußern, mit nichts in den Händen in die Wüste zu gehen, um Sein aus Gottes Sein zu erfahren: da begegnet uns Sterben im tieferen Sinne, nämlich die Geburt hinein in ein größeres Leben. Das Ich läßt den liebgewonnenen, aber leidvollen Irrtum los, zum Beispiel Stolz, Neid oder Habsucht. Es öffnet sich das Nadelöhr zum göttlichen Selbst: bedingungslose Liebe und allumfassende Weisheit strömen in die Seele ein. Dann erfährt der Mensch im körperlichen Sterbevorgang Freiheit. Er weiß: Nichts geht im Kosmos verloren, alles unterliegt nur der ständigen Verwandlung. In ihm findet das Wort Jesu seine Erfüllung:

>>Wer sein Leben erhalten will, der wird`s verlieren;
und wer sein Leben verliert um meinetwillen,
der wird`s erhalten.<< (Matth.10,39)

VI. Eingewoben in das bisher Gesagte sind die Seelen-erfahrungen der Reue, Vergebung und Dankbarkeit. Sie sollen hier gesondert in ihrer Bedeutung herausgearbeitet werden.

Reue beinhaltet die schmerzvolle Erkenntnis des Irrtums (der Sünde) und die damit verbundene befreiende Wirkung der Wahrheit. Der Prozeß der Reue wird gedanklich und gefühlsmäßig vollzogen. Ich erkenne mein liebloses Verhalten, und es schmerzt mich jetzt, zum Beispiel einem anderen Menschen Schmerzen und Not durch mein Sprechen und Handeln bereitet zu haben. Dies ist innere Umkehr im tiefsten Sinne. Nichts konfrontiert uns mehr mit unserer Gottesferne, als schuldig zu werden und die Last der Sünde zu spüren. Das Gewissen quält die Seele, denn es empfängt Impulse aus dem Selbst zur Heimführung ins Vaterhaus.

Jeder Irrtum im Sinne der neun Sünden bedeutet die Abwesenheit der Liebe im Bewußtsein des Menschen. Die Mauern der Lieblosigkeit verdunkeln die Seele und trennen sie von der Fülle des Lebens. Reue ist die Erkenntnis, solche Mauern und Gefängnisse aufgebaut zu haben. Zugleich werden diese dunklen Seelenkerker mit dem Reueerlebnis Stück für Stück eingerissen und der Weg in die Freiheit wird angetreten.

Wer wirklich tief im Herzen bereuen kann, der empfängt Vergebung. Er fühlt, bedingungslos vom Schöpfer geliebt zu sein. Gott ruft den in der Finsternis des Irrtums Verlorenen zu sich in die Fülle des lichtvollen Lebens. Wenn wir diesen Ruf bewußt vernehmen, folgt als Antwort unsere Reue. Und Gott antwortet wiederum mit Vergebung, mit bedingungsloser Annahme des verlorenen Sohnes, den wir alle verkörpern.

Vergebung hat einen Doppelaspekt: "Und vergib uns unsere Schuld, wie auch wir vergeben unseren Schuldigern" beten wir im VATERUNSER. Schuld schafft immer ein

Abhängigkeitsverhältnis, ist klarer Ausdruck der Polarität. Ich stehe in der Schuld eines Mitmenschen, bin also von seiner Gnade und Vergebung abhängig. Wenn ich jemandem Geld schuldig bin, steht es ihm frei, mir diese Schuld zu erlassen oder auf jeden Pfennig mit Zins und Zinseszins zu warten. Der Schuldner sollte sein Selbst befragen, ob es sinnvoll ist, dem Schuldiger zum Beispiel einen Geldbetrag zu erlassen. Dient dies dem Entwicklungsweg des Schuldners? Oder hortet er nur irgendwelche Dinge, die nicht in den Dienst der Liebe gestellt werden?

Auf der seelisch-geistigen Ebene sollte es unser aller Herzensanliegen sein, unseren Schuldigern ihre Schuld voll und ganz zu erlassen. Denn spiegelbildlich sind wir alle als Menschen nicht in der Lage, unsere Schuld (Sünde, Lieblosigkeit) Gott gegenüber zu tilgen. Denn das hieße, daß wir uns selber aus unserer Täuschung, dem polaren Bewußtsein, befreien müßten. Der Mensch müßte Gott werden, in der Einheit sein, um nicht mehr sündig in der Absonderung zu leben. Gerade hier aber setzt die gnadenreiche Einheit, die Macht der Liebe ein. Wir dürfen die Hoffnung auf den Sieg der Einheit, die die Zweiheit überwindet, in uns tragen. Die Geburt der Einheit im gespaltenen Menschen, das meint Weihnachten. Das Licht der Liebe bahnt sich in der Finsternis unaufhaltsam seinen Weg und verwandelt alle schuldvollen Irrtümer in Wahrheit. Wo die Wahrheit in unserer Seele aufleuchtet, erleben wir Befreiung und Dankbarkeit.

Dankbarkeit hat mit dem Erahnen der Sinnhaftigkeit unseres Menschenweges zu tun. Wir spüren, wie wunderbar die Erfahrungen des Individuationsprozesses die Seele gewandelt und geweitet haben. Alles durchgemachte Leiden können wir dann verantwortungsvoll annehmen und brauchen niemanden mehr anzuklagen. Wer nicht anklagt, auch sich selber nicht, der erfährt Freiheit. Selbstanklage aber kann zu einem schweren Hindernis auf dem Weg in die

Vergebung werden. Dahinter verbirgt sich meist eine Haltung der stolzen Selbstgerechtigkeit und Eitelkeit. Es ist der Glaube an die unbedingte Erfüllung des Gesetzes, um selig zu werden. Doch Jesus hat dem letztlich unerfüllbaren Gesetzesglauben eine klare Absage erteilt: Das Gesetz soll dem Menschen dienen und nicht der Mensch dem Gesetz. Wir sollen nicht versuchen, mit Gott zu rechten, indem wir unsere frommen Leistungen als Eintrittskarte in den Himmel begreifen. Solch ein Glaube hat mit bedingungsloser Liebe, dem Wesen Gottes, nichts zu tun.

Reue, Vergebung und Dankbarkeit sind ihrem Wesen nach sehr schlichte, echte Wahrheitserfahrungen. Sie werden nur zu oft entstellt durch unsere menschlichen Gottesvorstellungen und Glaubensinhalte. Wer an den ewig strafenden Gott des Alten Testaments glaubt, der muß ja ständig vor Angst erzittern und befürchten, schon wieder etwas falsch gemacht zu haben. Er schafft sich durch seine Vorstellungen einen Gott, der ihn tyrannisch beherrscht. Helfen kann da die Frage, wie denn Jesus von Nazareth auf die Menschen zuging. Wie begegnete ER der angsterfüllten, unter dem Gesetz zusammenbrechenden Seele? Kam ER nicht, um zu befreien? Wollte ER nicht ein Feuer in unseren Herzen anzünden, uns mit dem Brot des Lebens speisen?

Seine erste Frage an den Menschen war sehr oft, was ER denn für ihn tun solle. Ein wunderbarer Freiraum echter Begegnung wurde durch diese liebende Demutshaltung geschaffen. Jetzt konnte sich der Mensch äußern und, wenn er seine Sehnsucht nach Heilung ehrlich kundtat, verwandelnde Liebe von Jesus empfangen. Jesus sah ja die notleidende Seele in ihren Irrtumsverstrickungen und nahm sie in ihrem kranken Zustand an. Dies bewirkte bei vielen Suchenden eine reuevolle Umkehr, und vergebende, heilende Liebe konnte ihre Herzen anrühren.

Haben Reue, Vergebung und Versöhnung sich in der Seele ereignet, folgt frohe, innigliche Dankbarkeit gegenüber Gott, dem Leben, der Liebe. Dankbarkeit verbindet uns mit himmlischen Sphären, läßt uns weich und offen sein. Dieses tiefe Gefühl des Herzens bildet die Brücke zur Fülle der Liebe. Wer dankbar sein kann, dem wird noch mehr gegeben und anvertraut werden. Der Unzufriedene wird nie genug haben und am Ende alles verlieren. Die Liebe zieht sich aus seiner Nähe zurück.

VII. Die Erfahrung bedingungsloser Liebe und Freiheit

Der Kreis der Entwicklung scheint sich zu schließen: von der liebevollen Geborgenheit zur bedingungslosen Liebe und Freiheit. Und doch ist es kein Kreis, sondern im Zeichen der Entwicklung immer eine Spirale. Die Seele verläßt die Geborgenheit des Vaterhauses, um an den widerstandsvollen Kräften dieser Welt zu einem wirklichen Individuum - Ungeteilten, einem Wesen der Einheit - heranzureifen. In sich soll sie mit Gottes gnadenreicher Hilfe die Gespaltenheit ihres Bewußtseins überwinden. Der Weg der geistigen Wiedergeburt öffnet dem Menschen die Augen für die eine, ewige Wahrheit: Liebe. Ich betone *Weg* der geistigen Wiedergeburt, denn ich halte dies nicht für ein einmaliges Ereignis, sondern vielmehr für einen lebenslangen Entwicklungsprozeß. Es mag Ausnahmen spontaner Erleuchtung geben, doch wäre ein solches Geschehen für die meisten Menschen körperlich und seelisch nicht zu verkraften, zumindest würde es das körperliche Ableben bedeuten. Denkbar ist, daß viele Märtyrer bei ihrem Tod um der Liebe willen (!) die geistige Wiedergeburt erfahren haben.

Es ist eine besonders unter amerikanischen Christen häufige Behauptung, man selber sei schon "wiedergeboren". Mein Eindruck ist, daß hier meistens die *Bekehrung* mit der *Wiedergeburt* verwechselt wird. Bekehrt haben sich wohl viele Menschen, wiedergeboren im Geist sind sicherlich nur wenige. Und die, die es wirklich sind, tragen es nicht zu

Markte und halten große Reden darüber. Der Erleuchtete geht still seinen Weg und wirkt im kleinsten Geschehen an der Basis des Lebens - in aller Demut und Selbst-Bewußt-heit.

Das Erleben bedingungsloser Liebe schenkt unbegrenz-te schöpferische Freiheit: Es ist das Bewußtsein, in ALLEM zu sein. Die Seele ist freiwillig und bewußt ins Vaterhaus zurückgekehrt. Die Erfahrung der "Verbannung im Irrtum" hat in ihr ein Sehnsuchtsfeuer nach der Ewigen Liebe ent-zündet: Sie trägt nun die Liebe zur Liebe spürbar in sich und ist ein Verwandelter geworden.

Ich spüre, daß etwas nicht stimmt ...

Wir bleiben in der Sünde, der Absonderung von Gott, stecken, wenn wir unserem ureigensten Entwicklungsprozeß nicht folgen, wenn wir das göttliche Potential, das tief verborgen in uns steckt, nicht freisetzen.

Natürlich, wir alle bewegen uns in einem äußeren, gesellschaftlichen Rahmen, den wir uns selber ausgesucht oder "gestrickt" haben. Beginnt aber der Mensch, sich seiner Seele bewußt zu werden, spürt er einen Hunger nach einem Etwas, das er meist noch gar nicht genau benennen kann. Aus meiner Sicht ist es das Seelisch-Geistige schlechthin.

Hier setzt sehr häufig ein Widerstreit mit dem "Kopf" ein, der uns eine ihm sehr gefallende Rolle in dieser Welt diktiert. Er setzt alles daran, der zu bleiben, der er ist: ein stolzer Despot, der an die Sicherheiten des Bekannten und Eingefahrenen glaubt. "Nur nichts verändern!", das ist seine Devise. Doch genau das ist von einer höheren Warte aus gesehen eine Friedhofsmentalität: *Dort* bleibt auch alles so, wie es ist.

Erwacht aber die Seele und spürt die ersten Sonnenstrahlen des Geistes, wird der alte "Friedhofsacker" Stück für Stück umgegraben und nach "Leben" durchsucht. Wo ist Leben zu finden? Welchen Sinn ergeben denn all die Gesellschaftsspiele und Fassadenrenovierungen, die Blablabla-Redewettstreits und die ewigen Schuldzuweisungsmanöver, die man brav mitgemacht hat? Werde ich davon satt? Will ich so weitermachen?

Zu spüren, daß etwas nicht stimmt und trotzdem wie gewohnt weiterzumachen, das ist Sünde, das ist Lieblosigkeit gegenüber uns selber und gegenüber dem Du. "Augen zu und durchhalten, bis daß der Tod uns scheidet", solch eine Haltung trägt den Tod bereits in sich: Der Abstumpfungsprozeß der Seele und damit das Absterben einzelner Seelenfasern - eine Form der seelischen Ichamputation - hat schon längst begonnen. Die Seele spürt: Das Fundament der Ehe zum Beispiel modert vor sich hin, der Dachstuhl des gemeinsamen Hauses brennt bereits, und doch drückt der "Kopf" die Seelenaugen zu und das Denken, der nüchterne, kalte Intellekt beherrscht anstatt des Gewissens den Menschen. Denn er sieht nur, was er sehen will. Das Unangenehme, die Notlage oder gar Bankrottsituation wird verschwiegen, verdrängt und verleugnet. In den Gedanken auftauchende Möglichkeiten für neue Wege werden kurzerhand unterdrückt. Alles Vertraute ist ja so bequem, das Unbekannte aber mit Angst umweht. Deshalb schließt er wieder seine Augen und flüstert sich zu: "Immer nur lächeln", "Einfach durchhalten", "Seine Pflicht erfüllen" oder "Mir geht es doch wirklich nicht schlecht!" Schlaue Sprüche und Erklärungen liefert der Kopf immer besonders gern. Er wird die Seele immer überzeugen, artig in das Messer der Ichvergewaltigung zu laufen, nur damit sie ihre wahrhaftigen Gefühle nicht hochkommen läßt. Deckel drauf und weitermarschieren! - bis in den körperlichen Tod, denn der Krebs und andere Krankheiten werden die Seele einholen und von dieser Qual befreien, sehnt sie sich doch in ihrem tiefsten Inneren nach Befreiung! Sie wird sie bekommen!

Die eine Möglichkeit: Durch Krankheit mit folgendem Siechtum oder Tod wird der Diktatur des analytischen Denkens langsam, aber sicher ein Ende bereitet, denn die Erfahrung der Ohnmacht vermag den Kopf am meisten zu beeindrucken. Nichts mehr manipulieren zu können, die Dinge hinnehmen zu müssen, das eröffnet die Möglichkeit, wieder die eigenen Gefühle zu entdecken. Zuvor war der schlaue "Kopf" der Planer und Macher, jetzt muß er immer mehr das Schweigen lernen, um so dem Fühlen und Denken des Herzens, der Stimme des Gewissens, Platz zu machen.

Die andere Möglichkeit: Das freiwillige Öffnen aller seelischen Rumpelkammern, in die sie ihre nicht zugelassenen Gefühle verbannt hat. Dann müssen sie raus, diese runtergeschluckten Energiebomben, und dürfen "hochgehen" und mit JESU verwandelnder Liebe in ein konstruktives Potential verwandelt werden, um einen neuen Weg zu gehen.

Diesen Weg muß jeder in einmaliger Weise ganz für sich allein gehen. Es mag Weggefährten mit ähnlichen Erfahrungen geben, doch zunächst ist die Seele mit dem, was sie innerlich leiten möchte und ihr *einleuchtet*, allein. Dies mag in noch schwachen Stunden Angst machen, wenn sie sich kurz vor dem Aufbruch befindet. Doch mit den ersten konkreten Schritten aus der inneren Führung heraus wird diese Angst überwunden, und die Seele weiß von ihrem Gefühl und vielleicht auch von ihrer gedanklichen Einsicht her: "Ich muß so handeln!"

Die Sache mit der Bombe

Ich möchte ein anderes, drastisches Bild verwenden, um die so oft auftretende schwierige Situation des Hilfesuchenden zu verdeutlichen.

Wir alle tragen in uns, je nach dem Grad unserer Konfliktvermeidungshaltung, eine kleine oder gar sehr große seelische Bombe. Sie setzt sich aus all unseren Frustrationen und schmerzvollen Erfahrungen, die wir verschwiegen, verleugnet oder verdrängt haben, zusammen. Wie oft haben wir Gefühle unterdrückt und Tränen runtergeschluckt, weil "man" das eben nicht zeigen darf? Dies sind die vielen kleinen und großen Unehrlichkeiten anderen und damit vor allem uns selber gegenüber, die sich über Jahre und Jahrzehnte wie ein riesiger Müllhaufen in uns angesammelt haben. Nun ist daraus eine explosive Mischung, eben unsere innere Bombe, geworden.

Das Problem liegt darin, daß wir meist nicht ahnen, in uns eine solche Bombe zu tragen, und dies auch vehement leugnen würden, wenn ein Außenstehender uns von einem gut zu hörenden Ticken berichtete. Denn jede dieser Bomben hat einen Zeitzünder, der genau bestimmt, wann sie hochgehen wird. Das manchmal laute Ticken dieses Zeitzünders zeigt sich in ersten emotionalen Reaktionen, zum Beispiel in Form gelegentlicher Wutausbrüche, Angstzustände oder tiefer Traurigkeit. *Das* könnte uns zu denken geben, könnte Anlaß sein, die Existenz einer Bombe in unserem Inneren anzunehmen. Da nun aber unser Wachbewußtsein, das meist auf die Überwachungsfunktionen des Kopfes reduziert ist und tiefergehende Gefühle nur selten zuläßt, von einer versteckten Seelen-Bombe nichts wissen möchte, explodiert diese Bombe fast immer auf der Ebene des Körpers. Die körperliche Explosion hat verschiedene Namen wie zum Beispiel Asthma, Neurodermitis, Herzjagen, Kreislaufstörung, Übelkeit, Erbrechen, Magengeschwür, Nervenentzündung oder Krebs. Sie stellen wie beim defekten Kühlschrank das rote Warnlämpchen dar: Die Temperatur im Inneren steigt! Nun meinen aber immer noch viele Menschen, daß mit dem Lockerdrehen der Warnlampenglühbirne alles wieder in bester Ordnung sei. Wir wissen, beim Kühlschrank läuft das nicht so einfach. Und bei uns Menschen ist die innere Bombe eben auch nicht beseitigt, indem man ein paar chemische Keulen verordnet - also die Glühbirne locker dreht. Dann gibt es bestenfalls eine vorgetäuschte "Heilung" mit körperlichen "Nebenwirkungen" oder eine Symptomverschiebung, zum Beispiel vom Asthma zur Hautkrankheit oder umgekehrt.

Wie können wir nun sinnvoll mit dieser Bombe, unserem seelischen Konfliktzündstoff, umgehen, ohne daß sie uns umbringt (indem sie sich nämlich in den körperlichen Krankheitsbereich "verschiebt" und dort zum Beispiel Krebs produziert)?

Das Entschärfen der Bombe heißt in der therapeutischen Arbeit, den Menschen Schritt für Schritt zu den eigenen Gefühlen hinzuführen. Genauer gesagt: Er darf seine Gefühle und tiefsten Seelenregungen, die immer ehrlich sind, selber entdecken und freisetzen. Was uns nicht bewußt ist, das kann auch nicht bearbeitet und positiv umgewandelt werden. Gefühle stellen ein enormes Energiepotential dar: Wut, Zorn, Haß und Angst. Die Angst sehe ich als eine Form des Selbsterhaltungstriebes. Sie kann sich in zwei Formen ausdrücken: defensiv-introvertiert, dann geht sie in Richtung Depression; offensiv-extravertiert, dann folgen Wut und Zorn (Aggression).

Die "Bombe" kennenzulernen und das in ihr steckende Energiepotential konstruktiv freizusetzen, darum geht es. Wir bringen sie in einen noch nicht vollendeten Tunnel und zünden sie, um mit dieser Kraft den Durchbruch ins Freie zu schaffen. Der Tunnel, das sind wir selber, denn da irren wir drin herum. Das Wunderbare dabei ist: In uns selber liegt die Kraft für den Durchbruch, denn unser Schöpfer hat sie uns mit auf den Weg gegeben. ER schenkt das Wollen und das Gelingen!

Die eigenen Gefühle ehrlich zuzulassen, sie zu durchleben und zugleich anzuschauen, dies halte ich für einen entscheidenden Schritt. Wahrzunehmen, was wahrzunehmen ist! Fühlen, was zu fühlen ist! Dazu braucht es eine mutige Ehrlichkeit und Sehnsucht nach Liebe. Denn in dieser Sehnsucht nach Liebe liegt immer eine Ahnung: Daß nur die Liebe jene Bombe entschärfen, all die Gefühle erlösen kann. Nur die Liebe Gottes in uns, SEIN Geist, vermag die größten Gegensätze in uns zu etwas Neuem zu vereinnen. Nur die Liebe kann Schöpferisches aus all dem Seelenmüll hervorbringen, denn sie allein kann verwandeln und erlösen. Wir brauchen diesen Geist der Liebe, den unser

Denken nicht ersetzen kann, dringender denn je. Leiden heißt doch in letzter Konsequenz, diese Liebe nicht zu erfahren. Wir hatten dies bereits bei den neun Irrtümern der Seele besprochen: Die inneren Fehlhaltungen verbauen uns den Weg zur Fülle, eben unsere Gedankengebäude, die uns von Gott trennen. Gefühle geringzuschätzen und als Störfaktor im kopfigen Getriebe zu sehen, stellt solch eine Fehlhaltung dar. Weiterhin der uneingeschränkte Glaube an das analytische Denken des Kopfes. Er ist und bleibt so begrenzt, wie sein Wesen es ist.

Diese bedingungslose Liebe sollte dem Hilfesuchenden spürbar im Therapeuten (Therapeut im weitesten Sinne: eben jeder Mensch, der von Gott zu einem Hilfesuchenden geführt wird) begegnen. *Einfühlsam zuhören* zu können ist dabei eine der wichtigsten Bedingungen. Es geht nie um eine Beurteilung des Gesagten im moralischen Sinne. Wahrnehmen, was wahrzunehmen ist, das genügt. Die ehrliche Wahrnehmung enthält des Rätsels Lösung. Doch dazu muß der verborgene Schatz des Seelengrundes - in unserem Bild die Bombe - ins Licht des Bewußtseins gehoben werden. Geschieht dies, wird die Seele erkennen, welchen Schatz die Bombe in Wahrheit birgt: ein kreatives Energiepotential für den neuen, notwendigen Weg - für den Weg, der alle Not wendet!

Der Therapeut darf dabei immer nur Geburtshelfer sein. Die entscheidende Arbeit kann allein der Notleidende vollbringen - genauer: die Liebe des Geistes in ihm, wenn seine Seele es *will*. Unser *Wille* ist gefragt. Es ist das Leben selber, das seine Fragen an uns stellt: Durch all die schicksalhaften Situationen und Aufgaben hindurch werden wir gefragt, ob wir Hunger nach Liebe verspüren und uns vom Irrtum des Kopfes, der Gespaltenheit des irdisch-fixierten Bewußtseins, befreien lassen *wollen*. Die Erfahrung vieler Therapeuten zeigt, welche große Rolle der *Wille* zur eigenen Wesenserkenntnis und -annahme bei den Hilfesuchenden spielt: Oft steigen Patienten aus der Therapie aus, nämlich genau dann, wenn es an die Hebung und Entschärfung der Bombe gehen soll. Die Wurzeln der Krankheit haben nun mal etwas Unangenehmes an sich, und unser Kopf wehrt sich mit allen Mitteln und Tricks gegen eine Demaskierung und Entmachtung. Daher ist die therapeutische Arbeit einer der anstrengendsten, frustrierendsten und zugleich schönsten Berufe, denn nirgendwo kann ich dem Menschen so ehrlich und intensiv begegnen wie im Prozeß der Selbstentdeckung.

Wahrnehmung und *Annahme* heißen die beiden schwersten Aufgaben, die den Prozeß der Verwandlung des Menschen ausmachen. Erkenne den häßlichen Frosch, das Ungeheuer in dir, und hab es lieb! Das Märchen vom *Froschkönig* zeigt so wunderbar, worum es geht. Jeder "Frosch" in uns birgt einen verwunschenen Prinzen, enthält ein schöpferisches Potential, das auf seine Freisetzung wartet. Unser verkopftes Tagesbewußtsein schaut den Frosch höchstens aus der Distanz an und behauptet, mit ihm nichts zu tun zu haben. Dabei ist *er* es im Märchen, der die verlorene goldene Kugel aus dem unergründlichen Brunnen hochholt. Wir alle haben unsere goldene Kugel, ein Symbol der Unschuld und Einheit, verloren. Es ist die Aufgabe des Ungeheuers in uns (eben dessen, was uns »ungeheuerlich« erscheint!), diese goldene Kugel zurückzugewinnen. Bis wir erfahren: Das Ungeheuer, das bin auch ich! Und nur die bewußte Vereinigung mit diesem fehlenden Anteil meines Wesens kann mich zur Einheit mit dem Leben zurückführen. Die Vereinigung mit jenem Schattenwesen aber kann allein durch das geschehen, was erbeten sein will: *Liebe*.

Sucht im Zeichen der Suche

Wie bequem war es doch,
immer auf die Meinung anderer zu hören,
blind einem Guru zu vertrauen,
den Forderungen der Sucht nachzugeben
und meiner Wahrheit nicht ins Auge zu schauen -
bequem, krank und möglicherweise tödlich!
Und wie anstrengend - aber befreiend und erfüllend - ist es,
mutig nach dem göttlichen Selbst in mir zu suchen.

Wir leben im Zeitalter der Sucht, wie Anne Wilson Schaef, eine amerikanische Psychotherapeutin, feststellt. Der "Suchtvirus" hat die vielfältigsten Ebenen unseres Lebens heimlich durchdrungen und Millionen von Menschen, wenn nicht gar fast die ganze Gesellschaft, infiziert. Frau Schaef definiert Sucht kurz und treffend folgendermaßen: "Sucht ist jeder Prozeß, über den wir machtlos sind. Wenn wir Dinge tun und denken, die im Widerspruch zu unseren Werten und Vorstellungen stehen, und unsere Verhaltensmuster einen immer zwanghafteren Charakter annehmen, dann hat sie die Kontrolle über uns gewonnen. Ein sicheres Anzeichen von Sucht ist das unvermittelte Bedürfnis, uns selbst und andere zu täuschen - zu lügen, zu leugnen und zu vertuschen. Sucht ist alles, worüber wir *versucht* sind, zu lügen. Sucht ist alles, was wir nicht *bereit* sind aufzugeben (möglicherweise *müssen* wir es gar nicht aufgeben *und* trotzdem doch die *Bereitschaft* dazu zeigen, um von der Sucht freizukommen)." Ich kann dieses wichtige Thema im Rahmen meines Buches nur streifen und verweise auf die entsprechende Literatur im Anhang.

Ich begreife das Suchtphänomen buchstäblich als Zeichen der Suche. Der moderne Mensch erstickt zunehmend an der Leere und Sinnlosigkeit seiner Existenz, die er subjektiv so empfindet. Jede Sucht offenbart immer einen tiefsitzenden Mangel in der Seele des Menschen. Er ist bewußtseinsmäßig ganz oder auch teilweise im rein Körperlichen, dem Ego-Bewußtsein, gefangen und sucht - unbewußt - verzweifelt nach dem tragfähigen Lebensgrund. Hat er sein Seelen-Ich entdeckt, fehlt es beim Süchtigen an einer gesunden, insbesondere gefühlsmäßigen Erfahrung seines göttlichen Selbst. Aber auch geistig offene Menschen können Suchtstrukturen in sich tragen, wenn zum Beispiel die intellektuelle Seite in ihrem Leben überwiegt und die Gefühle nicht oder nicht ausreichend gelebt und verarbeitet werden. Oft wechselt dann nur das Suchtobjekt, und man hört plötzlich nur noch bestimmte Meditations- oder Vortragskassetten, was genauso ein Zeichen von Sucht sein *kann*.

Eine besondere Rolle im Suchtgeschehen spielt, so scheint es mir, die unerlöste Sexualkraft. Die Jahrtausende alte Verteufelung der sexuellen Schöpferkraft durch die polarisierende Ausspielung der Sexualität *gegen* Gott hat zu einer tiefen Spaltung und Disharmonie im Menschen geführt. Die (noch) nicht im Bewußtsein des Menschen vollzogene Durchdringung der Sexual- oder Grundlebenskraft mit dem Geist der Liebe (Einheit) hat zu massiven Verdrängungen und explosivem Suchtverhalten entscheidend beigetragen. Es scheint, daß ein Großteil heute existierender Gewalt sowie auch Sadismus und Masochismus auf diese Grundproblematik zurückzuführen sind.

Die seelisch-geistige Mangelkrankheit des modernen Menschen, sein chronisches Gefühl der Sinnlosigkeit und eine Verdrängung der individuellen Lebensthematik führen zu massiven Überlebensängsten mit einem Rückfall in kleinkindhafte Verhaltensmuster. Der Mensch greift verzweifelt nach allem, was irgendwie diese Leere füllen könnte und konsumiert dann gierig und grenzenlos sein

Suchtobjekt. Das "(aus-)saugende Baby" schafft nicht den Sprung zum geistig erwachenden Menschen, der sich die innere Quelle ehrlich selber zu erschließen gelernt hat und gelassen aus seiner Mitte zu leben weiß, sondern der Mensch saugt weiterhin an der Flasche oder Zigarette oder erfreut sich kleinkindhaft an bewegten Bildern (Fernsehen und Video, ein Leben aus zweiter Hand) oder endlosen Kindergartenspielen im Computerbereich. Frau Schaef unterscheidet

substanzgebundene Süchte, zum Beispiel Alkohol, Rauschdrogen, Medikamente, Nikotin und Koffein, das tägliche Essen (Eß- und Kotzsucht; Magersucht), Salz und Zucker

und **prozeßgebundene Süchte** wie zum Beispiel Arbeitssucht, Geldhorten, Spiel(automaten)sucht, Sexsucht, Beziehungssucht, Religionssucht (im Sinne von Gurufixierung, Abhängigkeit, Aburteilen anderer, Unehrlichkeit, Kontrollbedürfnis etc.).

Schauen wir uns die Grundstrukturen des Suchtprozesses kurz an. Der süchtige Mensch kann ohne sein zwanghaftes Verlangen nach einem bestimmten *Suchtobjekt* nicht mehr leben. Das Suchtobjekt, zum Beispiel Alkohol oder Sex, gibt ihm den sogenannten *Kick*, und er ist für eine gewisse Zeit zufriedengestellt. Dann aber muß bald für *Nachschub* gesorgt werden, denn das Verlangen meldet sich mit gesteigerter Intensität von neuem. Die *Dosis* muß immer mehr erhöht werden, um noch genügend Suchtbefriedigung zu ermöglichen. So rutscht der Mensch tiefer und tiefer in die Suchtspirale hinein, bis es zu kriminellen Taten (Beschaffungsdelikte; fahrlässige Unfälle im Rauschzustand) und manifester körperlicher wie seelischer Krankheit mit folgendem Tod kommt. Die den Süchtigen umgebenden Menschen geraten fast immer in die Krankheit der *Co-Abhängigkeit*, das heißt, sie ändern ihr natürliches Verhalten (z.B. Lebensrhythmus, Freizeitgestaltung) auf-

76

grund des kranken Familienmitgliedes. Die Verwandten passen sich der Suchtsituation an und stützen und fördern diese dadurch (Nicht-wahrhaben-Wollen).

Jede Sucht stellt eine tückische, machtvolle, verwirrende und ständig neu fordernde Krankheit dar. Nach Anne W.Schaef gibt es nur *einen grundlegenden Suchtprozeß*, der sich in allen spezifischen Süchten widerspiegelt und heute fast alle Bereiche menschlichen Lebens befallen hat. Seine Grundcharakteristika lauten:

Selbstbezogenheit - Der Süchtige denkt nur an den nächsten »Kick« und ist nicht wirklich beziehungsfähig. Das Du wird höchstens zur eigenen Suchtbefriedigung benutzt. Er selber empfindet sich in arroganter Weise als Mittelpunkt des Universums.

Kontrollsucht - Der Süchtige versucht, sich und seine Umgebung laufend unter Kontrolle zu halten, damit möglichst keiner etwas von seiner Sucht merkt und auch er selber glauben kann, nicht süchtig zu sein.

Unehrlichkeit - Der Süchtige nimmt seine Gedanken und Gefühle nicht mehr ehrlich wahr, denn jede Sucht geht mit einer Bewußtseinstrübung einher. So kann er auch seinen Mitmenschen gegenüber nicht mehr ehrlich sein: Jeder wird belogen, am Ende die ganze Welt ("Alle sollen wissen, wie gut es mir geht . . .!").

Gestörte Denkprozesse - Da die Sucht den Kranken steuert und in allen Regungen beherrscht, ist sein Denken verwirrt, zwanghaft, grüblerisch und bewegt sich immer nur in den vorgezeichneten Bahnen der Sucht.

Verleugnung - Sie stellt eines der größten Hindernisse dar, um die Sucht zu überwinden. Der Süchtige behauptet einfach, daß er *nicht* trinke oder *nicht zuviel* trinke und *alles im Griff* habe. Bis er zu einem ehrlichen "Ja, ich bin Alkoholiker!" kommt, ist es meist ein langer, schmerzvoller Weg.

Perfektionismus - Das Gut-schlecht-Weltbild oder die Ablehnung des dunklen Pols, des bösen Schattenreichs, stellt ein weiteres großes Hindernis auf dem Weg der Heilung dar. Der Süchtige will den eigenen Schatten unter keinen Umständen annehmen und sich selber nicht vergeben.

Vergeßlichkeit - Im Suchtgeschehen kommt dem Menschen zunehmend das Gedächtnis abhanden. Er vergißt nicht nur den Hausschlüssel oder eine Verabredung, sondern auch seinen letzten rauschvollen Zusammenbruch. So kann er unmöglich aus seinen Fehlern lernen, da es nie zu einer klaren Konfrontation mit der Vergangenheit, einer ehrlichen Aufarbeitung, kommt.

Abhängigkeit - Der Süchtige ist nicht nur von seinem Suchtobjekt, sondern auch von den Menschen abhängig, die ihn unmittelbar umgeben. Er braucht ihre Zuwendung, um seine diversen Bedürfnisse zu befriedigen. Erst wenn der Kranke zu der Einsicht kommt, daß Selbstvertrauen und Eigenverantwortlichkeit sowie Eigeninitiative Zeichen echter Gesundheit sind, befindet er sich auf dem Wege der Genesung. Abhängigkeit unter Erwachsenen macht echte Beziehung unmöglich, die immer nur aus einer freien Begegnung und innerer »Religio« heraus geschehen kann. Das berühmte »Ohne dich kann ich nicht leben!« ist ein Symptom der Krankheit »Abhängigkeit«.

Negativismus - Da der Süchtige "gut und vollkommen" sein will, beschäftigt er sich sehr oft mit dem Gegenpol in Form von Befürchtungen und dunklen Vorahnungen ("Er/Sie wird sich doch wohl nicht verletzt haben?!"). Dies raubt wertvolle Energien, die an sich für einen positiven Lebensansatz gebraucht würden. Das Negative übt auf unsere Gesellschaft einen größeren Reiz aus als das Positive. "Schlechte Nachrichten sind gute Nachrichten", sagt die Medienbranche, denn das Negative findet eher Gehör als das Aufbauend-Positive und läßt sich daher besser verkaufen.

Verteidigung - Kritik von außen wird der süchtige Mensch als Angriff empfinden und sofort mit Abwehrstrategien reagieren. In sich zutiefst unsicher, kann er nicht die wohlmeinende Ansicht eines anderen über sein Handeln ertragen. Der gesunde Mensch mit Selbstwertgefühl und Selbstvertrauen ist in der Lage, die Kritik anderer gedanklich und gefühlsmäßig aus seiner Mitte heraus auf ihre Berechtigung (Stimmigkeit) hin zu überprüfen. Ja, er ist, je mehr er in sich selber ruht, dankbar, wenn er konstruktive Kritik in seinen Entwicklungsprozeß integrieren kann.

Gefühlsstarre - Gefühle verbinden mit dem ehrlichen Urgrund der Seele. Da der Süchtige Angst vor den starken Emotionen seiner tieferen Bewußtseinsschichten hat, ist er ständig bemüht, sich im Griff zu haben und diesen Bereich abzuschotten. Überhaupt gilt es in unserem allgemeinen Wertesystem als unschicklich, Gefühle zu zeigen. Da es aber die Gefühle sind, die am besten eine Unstimmigkeit anzuzeigen vermögen, geht uns hier ein wertvolles Meßinstrument verloren. Gefühle in ihrer Qualität klar bestimmen zu können, stellt eine wichtige Aufgabe auf dem Weg wirklicher Bewußtwerdung dar. Hier sind wir wohl alle als Lernende und Entdeckende gefordert.

Angst - Die Zeitkrankheit »Angst« - an früherer Stelle schon besprochen - ist ein guter Nährboden für den Suchtprozeß. Der *Kampf* ums Überleben, das "Jeder gegen jeden" der freien Marktwirtschaft, der Berufs*kampf*, der sportliche Wett*kampf*, immer taucht der Dualismus »Freund-Feind« auf. Jedes Gegensatzdenken aber fördert Ängste, denn das polare Bewußtsein bleibt im Spannungsfeld von »Gut und Böse« stecken. Es fehlt ihm das Urvertrauen der Einheit. »Angst«, sprachlich verwandt mit dem lateinischen »angustus«, welches »eng« bedeutet, will uns sagen, daß unsere Ich-Burg zum Gefängnis geworden ist. Der Auszug in die weite Ebene und die Aussöhnung mit dem feindlichen Suchtobjekt stehen als Notwendigkeit vor uns. Mir scheint gerade die *gefühlsmäßige Aussöhnung* mit dem "Feind Alkohol" bei den Anonymen Alkoholikern das große Problem zu sein. Der "trockene" Alkoholiker, der nur enthaltsam lebt, aber den zwanghaften Drang nach Alkohol noch nicht überwunden hat, kann keineswegs als geheilt gelten. Heilung meint immer heil geworden zu sein, also das *Fehlende* (den Fehler oder Feind) im Bewußtsein integriert zu haben. Dies ist nicht nur ein gedanklicher, sondern vor allem auch ein gefühlsmäßiger Schritt, der nur aus der Führung des göttlichen Selbst gespeist sein kann. Solange der Same der Sucht beim trockenen Alkoholiker weiterhin vorhanden ist, muß nach der eigentlichen Suchtursache gesucht werden. Reduziert man alle möglichen Ursachen auf ihren letzten Kern, so haben wir es mit einem tiefgreifenden Liebeshunger zu tun. Das Zurückfallen des Süchtigen in infantile Verhaltensweisen und seine Sehnsucht nach "problemfreier Harmonie" und Urgeborgenheit sprechen für diesen Aspekt.

Ethische Verwahrlosung - Um die Sucht zu befriedigen, wird der Kranke am Ende buchstäblich über Leichen gehen. Er reißt alle Freunde und Verwandten in den Strudel des krankmachenden Suchtprozesses mit hinein (Co-Abhän-gigkeit). Körperliche, seelische und wirtschaftliche Schädi-gungen werden von ihm nicht mehr bewußt wahrgenom-men. Lügen, Betrügen und Stehlen bis hin zum Morden sind in der Drogenszene normaler Alltag. Das Ego-Bewußt-sein hält das Seelen-Ich fest im Griff. Impulse des göttli-chen Selbst kommen in der Seele nicht mehr an, da die Panzerung mit den neun Irrtümern (Täuschungen; Seite 26) nahezu perfekt ist. Die innere Stimme, die dem Menschen klar sagen könnte, was ihm guttut und was nicht, wird nicht mehr wahrgenommen.

Die eben in aller Kürze dargestellte Liste ist von Frau Schaef in ihrem Buch »Im Zeitalter der Sucht« eingehend ausgeführt worden. Ich kann nur jedem therapeutisch arbeitenden Menschen und allen, die zum Beispiel einen Suchtkranken in der Familie haben oder bei sich selber Suchttendenzen entdecken, empfehlen, sich mit dieser Problematik genauer zu beschäftigen. Denn wenn wir den Suchtmechanismus bei uns und bei anderen nicht durchschauen, werden wir von einem Wesen an der Nase (im Kreis der Sucht) herumgeführt, das wie im gleichnamigen Märchen sagen kann "Ach, wie gut, daß niemand weiß, daß ich Rumpelstilzchen heiß!"

Erst, wenn wir dieses dunkle Wesen bei seinem Namen nennen können und seine Wesensmerkmale im Lichte der Wahrheit schauen, wird es seine Macht Stück für Stück über uns verlieren. Der mühsame Weg ehrlicher Selbsterkenntnis, die *nüchterne* Wahrheit über das, was in uns abläuft, und die geistige Glaubensvision im Hinblick auf das, was wir tief verborgen an Vollkommenheit in uns tragen, *beides* ist *not-wendig* im Zeitalter der Sucht. Der Suchtprozeß kann für uns *die Chance* zum Aufbruch in ein spirituell gegründetes Leben sein.

Zum Schluß dieses Kapitels möchte ich auf einen noch weithin unbekannten Aspekt beim Suchtgeschehen aufmerksam machen. Es geht um den Süchtigen, der den Tod seines Körpers erfährt und den Bereich des Jenseits betritt. Dort erlebt er sich weiterhin mit all seinen seelischen Prägungen, die er zu Lebzeiten auf Erden besaß, also auch zum Beispiel das zwanghafte Verlangen nach Alkohol oder Zigaretten. Genau so, wie wir das irdisch-körperliche Leben verlassen, kommen wir im Jenseits auf der Seelenebene an. Der Süchtige ist leider nicht sofort "erlöst und im Himmel", sondern es beginnt ein schmerzvoller Lösungsprozeß von der Sucht und anderen krankhaften Verhaltensmustern. Zunächst aber wird die süchtige Seele alte Freunde auf Erden aufsuchen und versuchen, ihre Sucht durch sie hindurch zu befriedigen. Wir sagen dann, daß ein Alkoholiker für zwei oder drei trinkt. Er tut es wirklich, denn Gleiches zieht Gleiches an. Die Grenze zwischen dem Diesseits und dem Jenseits ist äußerst dünn und fein gezogen, denn letztlich greifen und wirken beide Sphären ineinander. Unserem polaren und auf das Irdisch-Sichtbare fixierten, intellektuellen Denken fällt es schwer, die jenseitige Welt ins Bewußtsein zu integrieren, zumal dieses Thema wie das Sterben mit großen Ängsten besetzt ist. Doch scheint die Zeit angesichts der zunehmenden Erkrankungen, die Jenseitsaspekte beinhalten, reif zu sein, um über dieses Thema mit nüchterner Offenheit zu sprechen. Die Epilepsie wie die Depression sowie die Schizophrenie erscheinen in einem völlig neuen Licht, und es eröffnen sich neue Möglichkeiten der Therapie, wenn das krankhafte Wirken der Verstorbenen mit ins Blickfeld rückt. In meinem Anfang 1993 erscheinenden Buch »*Sterben im Zeichen der Wandlung*« werde ich ausführlich auf diesen Themenbereich eingehen. Hier soll nur deutlich werden:

Der süchtige Verstorbene weiß meistens nicht, daß er gestorben ist. Schon zu Lebzeiten unterlag sein Bewußtsein, bedingt durch den Suchtprozeß und das Suchtobjekt, einer wirren Vernebelung. Jetzt bedarf er der Aufklärung über seinen veränderten Zustand durch seine zurückgebliebenen diesseitigen Freunde. Es muß ihm klar gemacht werden, daß sein Weg *im Jenseits* weiterführt und er um Hilfen auf diesem Reinigungs- und Schulungsweg bitten sollte. Andere Seelen und Schutzengel werden dann bemüht sein, dem Kranken weiterzuhelfen. Die Hinterbliebenen sollten den Verstorbenen immer wieder dem Licht der Liebe Gottes anheimstellen und ihm deutlich sagen, daß seine Aufgaben nicht mehr hier auf Erden zu finden sind.

Und mich gibt es auch noch

Der echte Mensch
folgt seinem innersten Gesetz
und keinem äußeren Gebot.
(Laotse, 38,14)

Wenn Menschen miteinander in Austausch treten, so entsteht immer irgendeine Form der Reibungsenergie. Die Skala reicht von absoluter Gegensätzlichkeit bis hin zum harmonischen Einklang. Berührung, Begegnung und Austausch sind Worte, die einen lebendigen Prozeß zu beschreiben versuchen. Entscheidend ist zunächst einmal, *daß* etwas geschieht, denn nur so ist seelisch-geistiges Wachstum möglich. Wer zur Begegnung und Konfrontation mit dem Andersdenkenden bereit ist, um die eigene Position immer wieder neu in Frage zu stellen, der bleibt lebendig. Denn vielleicht kann ich vom Du etwas ganz Wertvolles empfangen, und ich beginne zu fragen:

Wie gehst *du* mit deinen Ängsten um (wenn du welche hast)? Woran erfreut sich *deine* Seele? Wie erlebst *du* dich und mich? Wie findest *du* Frieden?

Sich dem Du gegenüber zu öffnen und beeindruckbar zu sein ist die eine Seite der Medaille, wenn es um die Frage nach dem Leben geht. Die andere Seite jedoch ist absolut gleichrangig: Daß ich bei mir, bei meinem innersten Wesen ankomme. Es gibt Menschen, die leben überwiegend aus dem Du heraus. Für sie ist das "Liebe deinen Nächsten" zum allein seligmachenden Gebot (oder auch Zwang) geworden. Es gilt dann, nur die Wünsche des anderen Menschen zu erfüllen, nur dessen Meinung zu hören und zu befolgen. Solche oft geistig suchenden und aufgeschlossenen Menschen zitieren immer gleich die Meinung irgendeines "großen Geistes", wenn eine Frage im Raume steht: "XY aber hat dazu gesagt, geschaut, prophezeit . . .". Ihre eigene Meinung ist nur die übernommene Ansicht eines anderen, den sie oft sogar persönlich nie kennengelernt haben. Wenn mir also jemand sagt, "XY" habe zu einer Frage dieses oder jenes geäußert, so kann in diesem Moment keine Beziehung zwischen dem Sprecher und mir zustande kommen. Echte Beziehung ist nur möglich, wenn mir ein Du etwas Urpersönliches von sich selber offenbart. Wenn zum Beispiel die Frage im Raum steht, ob "man" sich scheiden lassen darf, so interessiert im Prozeß einer wirklichen Begegnung nur das, was die beiden (oder mehrere) Gesprächspartner in sich selber finden. Die Meinung eines Dritten kann natürlich betrachtet werden, fördert aber in keiner Weise die aktuelle Begegnung der beiden beieinander sitzenden Menschen. Sie begegnen sich dann höchstens scheinbar, nämlich über einen nicht anwesenden Dritten.

Wenn Leben Begegnung und Austausch ist, dann ist bei einem Gespräch nur das von Bedeutung, was die Partner ehrlich in sich selber finden und mitteilen. Wenn wir vom Seelengrund ausgehen, sind das in erster Linie die *Gefühle*. Meinungen, Ansichten, Vorstellungen, all das sind gedankliche Abläufe, die sehr schnell wechseln und stark von außen beeinflußbar sind. Zudem bleiben wir meist im analytischen Denken stecken und gehen damit, wenn es um die Frage nach dem Leben geht, todsicher an selbigem vorbei.

Gefühle und Empfindungen können die beste Basis für eine Beziehung bilden. Wir nennen das dann "den Draht, den man gleich zu einem Menschen hat". Es springt ein Verbindungsfunke über, den wir gedanklich nicht fassen können. Sympathie und Antipathie spielen in der zwischenmenschlichen Begegnung *die* entscheidende Rolle. Gedanklicher Gleichklang allein genügt nicht. Das Gefühl geht tiefer und sagt uns, wie es der andere - trotz aller logisch-überzeugenden Werbesprüche - wirklich mit uns meint.

Doch gerade zu den eigenen Gefühlen haben immer weniger Menschen in unserer verkopften Zeit einen Zugang. Immer mehr wird versucht, im Meinungstrend der Gesellschaft, einer Partei oder elitären Minderheit zu liegen: das äußerst bequeme Mitlaufen oder "Herden-Verhalten". Für sich allein zu stehen ist wesentlich anstrengender und risikoreicher, aber dafür auch erfüllender. Die eigenen Gefühle zu entdecken und *dadurch* zu ehrlichen, persönlichen Überzeugungen zu gelangen, das gibt innere Standfestigkeit. Es geht hier nicht um die sogenannte absolute Wahrheit, die aus menschlicher Sicht immer nur eine *Teilwahrheit* aufgrund der *Teilwahrnehmung* sein kann. Wir befinden uns in einem dynamischen Entwicklungsprozeß, der uns über die Annahme dessen, was auch immer uns im Leben begegnen mag, in die Fülle der Wahrheit führen möchte. Und dazu gehört ohne Zweifel jedes Du, dem wir im Alltag gegenüberstehen.

In unserer Welt hat die "Meinungsbildung" einen sehr hohen Stellenwert. Und es gibt "Meinungsmacher", die da professionell mitmischen und kräftig nachhelfen. Daß Meinungen, politische Ansichten und Programme so hoch im Kurs stehen, zeigt nur, wie weit wir uns vom Leben entfernt haben. Man stelle sich vor, ein Abgeordneter im Bundestag würde die Anwesenden fragen, was sie denn zum Thema "Rüstungsmodernisierung" fühlen und empfinden. Das folgende Gelächter und die sogenannten alles legitimierenden "Sachzwänge" würden deutlich machen, daß die Bedeutung der Fragestellung nicht begriffen wurde. Denn solche Fragen könnten Denkschablonen erschüttern und bei konsequentem Weiterschreiten zu völlig neuen Wegen führen - vielleicht zum Leben.

Was ich zu zeigen versucht habe, ist dies: Zwischen zwei oder mehreren Menschen kann keine echte, tiefe Begegnung entstehen, wenn sie sich nur die Meinungen Dritter gegenseitig an den Kopf werfen. Berichten sie aber von ihren Schicksalserfahrungen, dem, was sie erlebt und gefühlt haben, öffnen sich die Türen des Seelen-Ichs. Der Sprecher teilt dann wirklich *sein Innerstes* mit dem Du, und *dadurch* geschieht inneres Wachstum. Genau dies ist es doch, was zum Beispiel die gruppentherapeutische Arbeit erfolgreich werden läßt: Wenn einer dem anderen endlich seine Empfindungen mitzuteilen wagt. Ich denke in diesem Zusammenhang an die Arbeit von Frau Dr. Kübler-Ross in ihren Workshops und Dr. Walther Lechler in seiner damaligen Bad Herrenalber Klinik.

Ein großes Hindernis auf dem Weg der ehrlichen Kommunikation stellt die Angst dar, vom anderen nicht mehr angenommen und geliebt zu werden. Diese Angst (ver)führt immer zur Unehrlichkeit sich und dem anderen gegenüber, indem man dem Partner die eigenen echten Bedürfnisse und Ansichten nicht mitteilt. Schon das Beschönigen, Verharmlosen oder gar Verleugnen der eigenen Not schafft Mauern der Trennung zwischen zwei Menschen. Wie groß muß erst der Schmerz werden, bis wir den Mut aufbringen, um Hilfe und Zuwendung zu bitten? Bei Dr. Lechler (Anhang Nr. 1) durften es die Patienten üben, dem Leidensgenossen oder Therapeuten zu sagen "Bitte, hab mich lieb!". Dies meint doch "Bitte, nimm mich so an, wie ich eben bin!", denn nur diese schlichte, *nicht* in Gefühlen des Mitleids ertrinkende Liebe wird mir helfen, die Wahrheit zu finden und einen neuen Weg zu gehen.

Halten wir fest: *Die Ebene unserer Emotionen und Gefühle ist ehrlicher als fromme Meinungen und Programme.* Letztere führen meist nur zu einer Scheinheiligkeit und entfernen uns mehr und mehr von dem, was uns weiterhelfen könnte: Dem Zugang zum eigenen Inneren. Wenn wir schon von geistigen Geboten sprechen, dann bitte die ganze Wahrheit: »Du sollst Gott lieben, deinen HERRN, von ganzem Herzen, von ganzer Seele und von ganzem Gemüte. Du sollst deinen Nächsten lieben wie dich selbst.« (Matth. 22,

37 + 39). Den Weg nach innen anzutreten und zu unserem göttlichen Selbst - SEINEM Erbe in uns! - zu finden, das ist für mich Gottesliebe. SEIN Reich in mir und im Du zu suchen - danach zu trachten! - heißt, den Nächsten wie mich selber zu lieben. Höre ich jedoch nur auf die Meinung eines Du und bemühe mich nicht, SEIN Reich in mir zu befragen, verrate ich Gott und damit mein innerstes Wesen. Ich darf und soll zur lebendigen Quelle finden, die Gott in mich hineingelegt hat. Für viele verzweifelte Sucher beginnt das große Staunen, wenn sie entdecken: Und *mich* gibt es auch noch, ich darf die Führung Gottes in mir selber erfahren! - (neben all den anderen kleinen und großen Geistern dieser Welt, die ihren Weg gehen dürfen).

Falsch verstanden wäre dieses Kapitel, wollte der Leser nun jedem Du auf Biegen und Brechen seine Gefühle mitteilen, nur um auf jeden Fall eine Begegnung "zu machen". Unser Innerstes stellt einen kostbaren, mühselig erarbeiteten, das heißt schicksalhaft erfahrenen Schatz dar, den ich nicht einfach gefühl- und gedankenlos verschwenden sollte. Wird nämlich Inneres geäußert und der Zuhörer kann es nicht aufnehmen, verliere ich ein Stück dieses inneren Saatgutes, weil es nicht auf einen fruchtbaren Resonanzboden im Du gefallen ist. Begegnung, lebendiger Austausch will erbeten sein und kann uns durch die höhere - innere! - Führung geschenkt werden. Machbar ist das nicht, denn die Meinungs- und Stimmungsmacher bleiben immer an der Oberfläche und bewirken im Zuhörer kein wirkliches Sich-öffnen - es bleibt ein Geplapper.

Ich habe hier das dargelegt, was *mir* wichtig erscheint. Übernimm es nicht blindlings, sondern sieh, was *Du in Dir* dazu findest. **Dich** gibt es nämlich auch noch!

Gottesbild und Gotterfahrung

Ihr sollt euch keinen Götzen machen
noch Bild und sollt euch keine Säule aufrichten,
auch keinen Malstein setzen in eurem Lande,
daß ihr davor anbetet;
denn ICH bin der HERR, euer GOTT.
(3.Mose 26,1)

Du sollst dir kein Bildnis noch irgendein Gleichnis
machen, weder des, das oben im Himmel, noch des, das
unten auf Erden, oder des, das im Wasser unter der Erde ist.
(2.Mose 20,4)

Nichts steht uns auf der Wanderung zu Gott so sehr im Wege wie unsere Gottesbilder. Sie bestehen immer nur aus bloßen Vor-stellungen *unseres* Denkens und Fühlens und ver-stellen uns den Weg zu einer direkten, *un-mittel-baren* Beziehung mit Gott. Genau dies scheint der Fluch der Erkenntnisfrucht zu sein: Daß sich immer wieder Bilder und Vorstellungen zwischen uns und ein Du, insbesondere Gott, das Leben selber, schieben und so Trennung bewirken. Das direkte Sein aus dem Sein Gottes heraus ist uns, die wir Erkennende und Reflektierende geworden sind, nicht mehr so ohne weiteres möglich. Immer herrscht Erkenntnis durch Abstand, Distanz zum Objekt.

Wenn Gott nun aber das Leben ist, das uns alle hervorgebracht hat, davon wir also ein Teil - ja Ebenbild SEINES Wesens - sind, dann mag im Bereich der Erkenntnis der Satz »Erkenne dich selbst, damit du Gott erkennst!« Gültigkeit haben. *Alles*, was ich in mir finde, stellt einen kleinen Aspekt des Seins Gottes dar. Alles! Der furchterregende Sündenfall, Hybris wie Demut, Macht wie

Ohnmacht, Freude wie Schmerz, all dies sind Erfahrungen, die Gott durch SEINE Schöpfung hindurch selber macht. ER ist es, DER sich von sich SELBER trennt, indem ER Trennung zuläßt und Luzifer, ein Geschöpf aus und in IHM, fallen darf. Diesen Luzifer, den Träger des Lichts, der selber nicht die Quelle ist (sich aber dafür hält), in sich zu erfahren und anzunehmen, stellt eine der größten Herausforderungen für den Menschen dar. Denn genau er, der Abgefallene, wird nicht durch das Schwert der Vernichtung überwunden - genausowenig wie der verlorene Sohn in der Fremde vernichtet wird! -, sondern durch das Kreuz der liebenden Annahme in seiner Hybris "zerliebt" und verwandelt.

Wir sollen die Täuschung als Täuschung, den Irrtum als Irrtum, die Finsternis als Finsternis erkennen und dies als Teil dieser vergänglichen Welt annehmen, eben nicht widerstreben. Denn in der bloßen Erkenntnis des Irrtums offenbart sich die Wahrheit, die uns freimacht. Wir können den durch Feindbilder aufgebauten Feind nicht in seinem wahren Wesen erkennen, wenn uns dogmatische Lehrsätze und Vorstellungen von ihm trennen und wir glauben, er sei immer außerhalb von uns. Ihn in der eigenen Brust zu erfahren, das allein schafft Klarheit und macht deutlich: Dieser Feind wähnt sich mächtig und ist zugleich ohnmächtig, lebt er doch selber aus der einen Quelle wie wir. Er verdreht und verwirrt und liebt die eigene illusionäre Bilderwelt, in die er uns verwickeln möchte. Sein Wesen ist ständige Trennung und Spaltung - Subjekt und Objekt als Illusion. Er als ein Teil hält sich für das Ganze. Ein Funke Wahrheit liegt darin: Jedes Teil enthält verborgen den Bezug zum Ganzen, bildet das Ganze in sich ab (Holographie). Die Erfahrung all dessen, was uns als Thema in dieser Welt beschieden und damit für uns notwendig ist, zählt. So ist der Weg immer Teil des Ziels, enthält jeder Schritt einen Zielaspekt. Wir sind als

Menschen in den Weg hineingestellt, und all die Wege, die immer auch im besprochenen Sinne Irrwege sind, führen uns mit schicksalhafter Hand zur immer echter werdenden Gotterfahrung, bis alle Hüllen, Bilder und Vorstellungen von uns abgefallen sind. Jene Vorstellungen und alle Fremdorientierungen (der Blick auf den Lehrer; jedes Vorbild ist eben auch nur ein Bild, und wie anstrengend ist es, jemand werden zu wollen, der man gar nicht ist!) sind zunächst notwendige Krücken, um das eigenverantwortliche Laufen zu erlernen, um zur persönlichen höheren Führung zu finden.

Vom Gottesbild aus zweiter oder dritter Hand (Kirche, Vater, Mutter, Lehrer, Guru) zur unmittelbaren Gotterfahrung, so sieht der Weg der meisten (aller?!) Menschen aus. Die Gotterfahrung vollzieht sich zunächst im polaren Sein: im größten Schmerz wie in der höchsten Glückseligkeit. Das Schmecken der extremen Pole, des größten Spannungsfeldes, führt uns zur Einheit hin. Wer immer nur im grauen, lauen Mittelfeld zu Hause war, der kennt den Spannungsbogen des Lebens nicht. Der meint zu wissen und hat doch noch nicht die Höhen und Tiefen erfahren. Der hält sich für bekehrt und hat Sünde, Hochmut, Trotz noch längst nicht in sich gespürt.

Der Heilige muß die Sünde, den Schweinetrog des verlorenen Sohnes, in sich erfahren haben, wie könnte er sonst *heil* geworden sein? Er muß die Täuschung, den tiefsten Irrtum gekostet haben, um *wahrhaftig **sein*** zu können. Er muß zur Erkenntnis gekommen sein, daß die Erkenntnis Gott nicht erkennen kann. Immer nur spürte er: *Dies* ist "ES" nicht. Bis er den Weg des Schweigens und des Lauschens entdeckte. Dann begann sich in ihm das eine Sein zu offenbaren: zart und leise, gewaltig und klar - beide Pole vereint im ewigen Augenblick der Gegenwart. Die Weise Gottes erklang im Herzen. Er nahm wahr, was allein wahrzunehmen war: Liebe.

Individuum und Gruppe -
Zur Frage geistiger Autorität

Leben vollzieht sich in der Begegnung der Menschen miteinander. Der Entwicklungsweg der einzelnen Seele verläuft immer in höchst individueller Weise. Es dürfte klar sein, daß wir uns nicht alle auf demselben Entwicklungsstand befinden. Der eine hat zum Beispiel die Fähigkeit des Loslassens sehr weit entwickelt, ist den irdischen Dingen kaum noch verhaftet, doch fehlt es an Geduld und Toleranz. Bei einer anderen Seele ist die Denkfähigkeit extrem stark ausgeprägt, gefühlsmäßig aber ist sie unfähig, ihr Inneres wahrzunehmen und auszudrücken. Jeder Mensch hat gewisse Talente und Fähigkeiten, die es nur zu entdecken gilt. Sinngebendes Ziel ist es, diese Begabungen in den Dienst der Mitmenschen zu stellen. Auf diese Weise wird Liebe unter uns möglich: Einer dient dem anderen mit dem, was er im Materiellen oder Seelisch-Geistigen in sich verwirklicht. Die Einzigartigkeit seines Wesens ermöglicht es ihm, andere von seinen Eigenschaften profitieren zu lassen.

Der Meister einer Autowerkstatt ist Autorität in seinem Fachbereich. Er kann Hilfesuchenden sachkundig dienen. Es wird ihm Vertrauen entgegengebracht, ihm wird Autorität verliehen. Wir kommen also in der zwischenmenschlichen Begegnung, in der sich die Reifungsprozesse der Seele vollziehen, um Autorität im Sinne der Fachkompetenz nicht herum. Ich kann als einzelner unmöglich alle Lebensbereiche wissensmäßig abdecken, um mein Auto, meine Stereoanlage und den Boiler selber reparieren und zugleich meine Möbel selber bauen und meinen Computer selber programmieren zu können. Wie gut, daß es Menschen gibt, die mir mit ihrem Fachwissen kompetent weiterhelfen!

Autorität beinhaltet immer auch eine Position der Macht und kann von demjenigen, der sie innehat, mißbraucht werden. Ich will hier die Frage nach der geistigen Autorität stellen: Welche Aufgaben hat geistige Führerschaft zu erfüllen, wo liegen ihre Gefahrenbereiche?

Sie scheint ein Teil des Lebens zu sein, diese Polarität von Individuum und Gruppe, Führer (König) und Volk, Klerus und Gemeinde, Hirte und Herde. Könnte dies nicht in letzter Konsequenz ein Abbild von *Gott und Mensch* sein? Wurde nicht früher dem König oder Kaiser Gottähnlichkeit zugeschrieben: Er, der über allem thront, den Überblick hat und die Untertanen in ein heilvolles Leben führt. Desgleichen dem Priester und Arzt (Schamane im noch älteren Sinne), beides in einer Person, der in sich selber (ein Stück) Heilung (Erlösung) erfahren haben mußte, um nun den Heilsuchenden in den Wandlungsprozeß zu führen.

Wandlung ist der Inbegriff aller wirklichen Religiosität: die Rückführung aus der Gespaltenheit (des Bewußtseins!) in die Einheit, in das Ganze, zu Gott. Der Ort der Wandlung - und genau dies meint *Altar* - befindet sich im Herzen eines jeden Menschen. Dort soll und nur dort kann Wand-lung sich vollziehen. Dies haben wir bereits im Kapitel »Sieben fundamentale Erfahrungen« zu beleuchten ver-sucht. Doch welche Rolle spielt hier die geistige Autorität?

Zunächst einmal dies: Kein Mensch, der geistige Autorität innehat, kann einen anderen über seinen eigenen Stand hinausführen. Wenn ich zum Beispiel in einem hügeligen Gelände auf einer Leiter mit zwanzig Metern Höhe stehe, kann ich mehr und weiter sehen als jemand, der zwanzig Meter unter mir auf der Wiese in die Landschaft schaut. Ich kann ihm berichten, was *ich* auf meiner Zwanzig-Meter-Leiter so alles sehe. Nun hört dieser Mensch aber auch andere Meinungen. Es gibt nämlich noch andere Leiterbesitzer, die jene Landschaft zum Teil sehr ähnlich, zum Teil auch ganz anders beschreiben. Und unser auf seinen zwei Beinen stehender Freund weiß bald nicht mehr, wem er nun was glauben soll. Wenn ich als machtsüchtiger Autoritätsinhaber mit Auserwähltheitswahn nun diesem zweifelnden "Wiesenmenschen" unter mir antworte, dann könnte sich das so anhören: "Schau, mein lieber Freund, ich bin Fachmann und habe das Ganze erfolgreich studiert, habe viele Einweihungen hinter mir und stehe doch nun mal auf einer sehr hohen Leiter, die mir einen Weitblick erlaubt, der eben nicht allen beschieden ist. Du brauchst keine eigene Leiter, es genügt, wenn *ich* dir von allem berichte. Wenn du *mir* und *meinem* Weltverständnis glaubst, dann wirst du selig ... (aber wehe dir, wenn du das nicht tust ...)."

Mißbrauch von Autorität bedeutet also: Ich mache Menschen von mir und meiner Sichtweise abhängig. Wenn ich etwas sehe, dann erkläre ich das für die ausschließliche Wahrheit - ich erhebe Absolutheitsanspruch. Daß es neben meiner Wahrnehmungsart auch noch andere, genauso gültige Varianten gibt, das wird von mir verschwiegen oder, noch schlimmer, kategorisch ausgeschlossen. Ich versuche, den Menschen auf meine Sichtweise festzulegen, denn das gibt mir am Ende wieder das Gefühl, die Welt richtig zu sehen. Der Fanatiker braucht immer andere Menschen, die ihn in seinem Fanatismus bestätigen. Anderenfalls würde ihn seine verborgene existentielle Unsicherheit grausam plagen. Er geht mit Parolen und Programmen dem Sich-selber-in-Frage-Stellen aus dem Wege. Er arbeitet mit logischer Überzeugungskraft (kann zum Beispiel alle seine Thesen biblisch oder naturwissenschaftlich belegen), mit Druck und mit Angst ("Wenn ihr mir nicht glaubt, dann passiert euch . . .").

Und da, um in unserem Bild zu bleiben, die "Wiesenmenschen" nichts von Leitern wissen, die sie selber besteigen könnten, schließen sie sich aus Unsicherheit und Sehnsucht nach Klarheit und dem "rechten Weg" der dogmatischen Meinung des sich am besten verkaufenden

Führers an, und das Resultat kann lauten: "Führer befiel, wir folgen!" Einer denkt und gibt Weisungen, die anderen führen Befehle aus. Das Ende kann - wie vor Jahren bei der Jones-Sekte geschehen - kollektiver Selbstmord sein.

Wir sollten erkennen: Geistige Abhängigkeit in der zwischenmenschlichen Begegnung ist ihrem innersten Wesen nach lebensfeindlich. Aufgabe wirklicher geistiger Autorität wäre es, den suchenden Menschen in seine **in ihm selber** wohnende Wahrheit zu führen, das Ich mit dem überbewußten Selbst, dem Geist, zu verbinden. Geistige Weisung ist notwendig, wir werden nicht darum herumkommen. Aber es geht eben um das Aufzeigen der Werkzeuge, die es ermöglichen, den Durchbruch in die innere Wahrheit und Freiheit, die geistige Wiedergeburt, zu schaffen.

Schon vor Jahrhunderten war es das Herzensanliegen eines Meister Eckehart, die Menschen zur individuellen spirituellen Erfahrung zu führen. Die Reaktion der Welt, in diesem Falle die der Kirche, war eindeutig: Eckehart wurde der Prozeß gemacht, und er wurde der Häresie (Irrlehre, Ketzerei) für schuldig befunden.

Es hat immer wieder - auch in unseren Tagen - Menschen innerhalb der Kirche gegeben, die den Gläubigen Mut zum eigenen inneren Weg gemacht haben. Manchen gelang es, wertvolle Hilfen aus der östlichen Spiritualität den suchenden Christen zukommen zu lassen, um die Geburt Christi in der Seele zu fördern. Wie Angelus Silesius so treffend gesagt hat: "Und wäre Christus tausendmal in Betlehem geboren und nicht in dir, du wärest doch verloren!"

Ist es nicht endlich an der Zeit, jedem sehnsuchtsvoll suchenden Menschen seine eigene "Leiter zum Himmelreich" zu zeigen, nämlich ihm bewußt zu machen, daß das Mysterium von **Golgatha und Ostern** und in seiner Vollendung die **Himmelfahrt** *in ihm* sich zu vollziehen hat und nicht mehr in Äußerlichkeiten (Ritualen) gesucht werden sollte?! In dieser Hinführung zur "Leiter" oder zum "Fenster" läge die Aufgabe des heutigen Priestertums. Die seelischen Hindernisse - unsere irrtümlichen Vorstellungen und Fixierungen - aufzulösen, das wäre Geburtshilfe im geistlichen Sinne. Der erstarrte Klerus (die Amtskirchen) täte gut daran, sich selber um echte Innenerfahrung zu bemühen (denn es ist vorgekommen, daß die Aussage eines "gläubigen Laien" einem Pastor gegenüber, er - der Laie - habe eine innere Begegnung mit Jesus gehabt, den Pastor in arge Verlegenheit stürzte).

"Nur wer befreit ist, der kann befreien", dieses Sprichwort sollte besonders den priesterlichen Menschen (Priester im weitesten Sinne aufgefaßt: geistige Autorität) betroffen machen. Nur wer in sich schon die eigene Hölle ein Stück weit überwunden hat, der kann einem anderen in diesem Wandlungsprozeß hilfreich beistehen. Und genau darum geht es: um den Beistand als Geburtshelfer. Das hat mit theoretischem Missionieren nichts zu tun. Immer mehr Menschen leiden an ihrer inneren Blindheit: Unwissend um die geistige Ordnung stoßen sie - in einem dunklen Raum dahinvegetierend - ständig gegen die Wände ihrer begrenzten Vorstellungen. Wer zeigt ihnen die befreiende Tür? Wirkliche Autorität begibt sich in die Finsternis des Suchenden, behält aber zugleich das befreiende Licht der Liebe im Herzen. Jesus Christus ist zu uns als vollkommener Ausdruck geistlicher Autorität in die Finsternis dieser Welt hinabgestiegen, um uns den Weg zu weisen: daß ER der WEG ist, daß dieser Weg **LIEBE** heißt und daß wir in IHM diesen Weg gehen können (ER in uns und wir in IHM), wenn wir es wollen.

Aus meiner Erfahrung und den Berichten einiger Freunde, die den **Gruppenprozeß mit seinen Schattenseiten** kennengelernt haben, läßt sich hier folgendes zusammenfassend sagen:

Der Gruppenprozeß mit seiner Struktur *Führer und Gefolgschaft* wird in dem Moment zu einer gefährlichen, ja tödlichen Krankheit, wenn folgende Bedingungen ganz oder teilweise erfüllt sind:

1. Es gibt einen Führer, dem *uneingeschränkte Autorität* (Macht!) eingeräumt wird. Es gilt: Er hat den völligen Über- und Durchblick, er ist bereits der am weitesten Entwickelte von allen oder wird als "vollkommen" und "erlöst" angesehen (was in den einzelnen Gruppenmitgliedern auch als relativ unbewußter Prozeß ablaufen kann). Dieser Führer schöpft unmittelbar aus der göttlichen Quelle (als VATER-Wort-Medium zum Beispiel), er kann sein Denken und Handeln logisch klar begründen und zum Beispiel mit Bibelzitaten belegen und rechtfertigen. Als Werkzeug in Gottes Hand (und von Gottes Gnaden!) spricht und handelt er (oder sie) nur im Auftrag Gottes (oder z.B. eines der hohen Meister) und entledigt sich damit aller Verantwortung. Diese *Abgabe der Verantwortung* an eine höhere Instanz macht den Führer unangreifbar. Denn wer seinen Aussagen widerspricht, der läßt es auf eine Konfrontation mit der höheren Macht ankommen. Es ist nur zu deutlich, wie hier mit *Angst* und mit *Druck* gearbeitet wird, um ein Infragestellen der Autorität zu vermeiden.

2. Es gibt geschriebene oder auch ungeschriebene Gesetze innerhalb der Gruppe im Hinblick auf das, was man tun darf und was nicht (zum Beispiel der Umgang mit Geld oder Sexualität: der einzelne muß sein ganzes Hab und Gut der Gemeinschaft übergeben und darf nichts mehr für sich beanspruchen; Sexualität wird meist entweder exzessiv mit wechselnden Partnern ausgelebt oder es herrscht absolutes Verbot aller Körperlichkeit im Sinne des Keuschheitsideals). Die Gruppenmitglieder leiden an der "deutschen Krankheit", am absoluten, *blinden Gehorsam*. Schwerste seelische Verletzungen und Demütigungen werden "freiwillig" ertragen, um innerhalb der Gruppe bestehen zu können. Mancher ringt verzweifelt um seinen Stand in der Gruppe, bettelt um Anerkennung und Liebe. Diese krankhafte Form der Ich-Überwindung führt zum Verlust eines gesunden Selbstwertgefühls beziehungsweise macht seine Entwicklung im Sinne menschlicher Würde und inneliegender Ebenbildlichkeit Gottes unmöglich (Prozeß der Entpersönlichung!). Scheinheiligkeit und eine falsche, künstliche Demut sind die Folgen. Jeder versucht, dem Führer der Gruppe besonders nahe zu sein, was zu erbitterten Konkurrenzkämpfen führt.

Da der Führer das ideale Vorbild für alle Mitglieder ist, übernehmen diese bei einem Ausgang in die "feindliche Welt" seine Rolle und treten plötzlich entsprechend selbstsicher und überzeugt auf. Hier haben wir das Problem der Identifikation: Ich bin meine Vorstellungen, Ideale, Vorbilder, Maßstäbe und Werte. Ja, ich bin davon so sehr eingenommen, daß ich selber von diesen Bildern und Kräften verfolgt werde - und dies bis zur Besessenheit. Durch diesen Druck kommt es zur suchthaften Selbstbestätigung, und der eigene Erfolg liegt immer darin, andere zu Untertanen oder kleinen Führern zu machen. Dies läßt sich übrigens an den großen und kleinen "Hitlers" des Dritten Reiches gut studieren.

3. Die Kraft, sich als Gruppe gegenüber anderen Menschen abzusetzen, wird meist aus dem Glauben des Auserwähltseins bezogen. "Wir sind etwas Besonderes, wir sind von Gott auserwählt (zum Beispiel im Rahmen des Endzeitgeschehens von Ufos gerettet zu werden oder in einer Archenstruktur überleben zu sollen). Warum wir? Weil wir es mit unserer Gottesbeziehung ernster meinen als die anderen!" Diese oder ähnlich klingende Meinungen führen zwangsläufig zu einer *Reduzierung der Kontakte zur Umwelt*. Man errichtet seine privaten Klostermauern mit *Reise- und Briefverbot*, um keine Kraft unnütz nach außen zu verschwenden. "Wer nicht für uns ist und mit uns den richtigen Weg geht, der ist gegen uns . . ." Die *Verteufelung der Umwelt* als "unreif, unwürdig, geld- und machtgierig, hinterhältig und böse" kann als Hauptcharakteristikum der Abgrenzung nach außen betrachtet werden. Das einzelne Gruppenmitglied wird aufgefordert, seine Kontakte zu Freunden und Verwandten aufzugeben. Gerade an diesem Punkt beginnt eine sehr subtile Form der schmerzvollen *Freiheitsberaubung* des einzelnen. Wird der vielleicht vorhandene Widerstand des Mitglieds mit der Drohung des gruppenfeindlichen Verhaltens gebrochen, setzt zunehmend der Entpersönlichungsprozeß ein: Man ist nur noch Befehlsempfänger, ein Rädchen im Getriebe des Gruppenstaates.

Gründe und Erklärungen, die das Gruppensystem sichern und stabilisieren, gibt es immer. Und das wirkt, zumindest auf die Gruppenmitglieder, überzeugend, denn diese Erklärungen entspringen ja alle der "geistigen Welt" oder kommen gar direkt von Jesus oder einem der höchsten Meister. Der Mensch innerhalb der Gruppe lebt in einem sich ständig absichernden und selbstverstärkenden Gedankensystem. Dazu kommt der psychische Abwehrmechanismus der Verleugnung: Ungereimtheiten und Widersprüche (zum Beispiel vom Gruppenleiter vorhergesagte und nicht eingetretene Ereignisse) werden vom Tagesbewußtsein ausgeblendet, frei nach dem Motto "Ich sehe nur, was ich sehen will oder sehen darf".

Gedanken und Ideen einer "elitären Minderheit" können zur Besessenheit führen, sie können wie ein krankmachender Virus wirken. Die Idee "Ich bin anders (besser)" ist solch ein Gedankenvirus. Er lebt aus dem Spannungsfeld der Polarität heraus und kennt das Wesen der Einheit, die alle und jeden meinende Liebe, nicht.

Ich habe versucht, die Gefahren des Gruppenprozesses aufzuzeigen. Letztlich läuft jeder Verein und jede politische Partei Gefahr, nur sich und die eigenen Interessen zu sehen und gegen Andersdenkende in den Kampf zu ziehen. Ich möchte vom Egoismus der Gruppe sprechen, einer Erweiterung des Ich-Bewußtseins um zum Beispiel zehn, hundert oder mehr Individuen. Im Rahmen der menschlichen Gesamtentwicklung dienen diese Erfahrungen dem Sichüben in der Liebe , dem wahren Wir-Bewußtsein.

Meine eigene Freiheit endet dort, wo die Freiheit eines Du beginnt. Und wirkliche Liebe will und kann den anderen Menschen nur freilassen, möchte ihm zur Entfaltung seines innersten Wesens Freiräume schaffen. Dies ist unser aller Aufgabe: *Ich tue dem Nächsten den größten Gefallen, wenn ich zu meiner inneren Autorität, dem Selbst, finde.* Denn das meint "Liebe deinen Nächsten *wie dich selbst!*" Es beinhaltet buchstäblich die *Selbstfindung* und die Hinführung des Nächsten zu seinem Seelen-Ich sowie die Förderung des Freisetzungsprozesses des überbewußten Selbst (siehe auch das Kapitel »Liebe deinen Nächsten« Seite 102!) Hier sollten Pädagogik und Erziehung aus einer geistigen Verantwortung der gesamten Schöpfung gegenüber wirken. Was dient dem Reifungsprozeß im Sinne der Bewußtwerdung? Wie kann ich selber *meine Entwicklung* zum Segen des Ganzen fördern? Zugleich soll ich das Selbst in meinem Nächsten, Gott in ihm, lieben. Und damit erfülle ich das erste Liebesgebot "Du sollst den HERRn, deinen Gott, lieben von ganzem Herzen, von ganzer Seele und von ganzem Gemüt" (5.Mose 6,5 + Matth. 22,37).Jesus bezeichnet dieses Gebot, Gott zu lieben, als das höchste und größte. Doch dann fährt er fort: "Das andere aber ist dem gleich: »Du sollst deinen Nächsten lieben wie dich selbst«. In diesen beiden Geboten hängt das ganze Gesetz und die Propheten."(Matth.22, 39 + 40)

Nur meine Liebe zur Liebe (zu Gott), meine Sehnsucht nach dem Offenbarwerden der Liebe, kann im anderen Menschen eine ebensolche Sehnsucht wachrufen und ihn er-mutigen, selber den Weg nach innen zu gehen und nach dem inneren Schatz zu suchen. Das hat mit Manipulation, dem Aufzwingen des eigenen Willens, nichts zu tun.

Am Ende stellt sich auch die Frage nach der Gruppe nicht mehr. Wir sind letztlich alle eins - eben Glieder *eines* Leibes - und jede Trennung bleibt Teil der luziferischen Illusion und Sucht, etwas und dadurch von allen Getrenntes, Besonderes zu sein. Jener Geist ist wie das Kind, das beim Versteckspiel bloß die Augen schließt und glaubt, man könne es nicht mehr sehen. Es projiziert sein eigenes Nicht-sehen-Können, seine eigene Dunkelheit, auf die anderen Kinder. Welch ein Täuschung! Der Erwachsene lacht darüber, doch wie oft spielen auch wir genauso Versteck auf vielen anderen Lebensebenen. Öffnen wir endlich die Augen und erkennen, daß uns in jedem Menschen Gott begegnen möchte. Die Begriffe »ich und du« sind Ausdruck einer begrenzten, vorübergehend für uns gültigen Vorstellungswelt, die uns Entwicklung erst ermöglicht. Nur sollen wir in diesen polaren Strukturen - in der Verwicklung - nicht steckenbleiben oder diese noch künstlich stärken, wie es zum Beispiel die Kirche in katastrophaler Weise mit ihrem Gott-Teufel-Dualismus getan hat. Die Konsequenz war die blinde Projektion des *eigenen* luziferischen Schattens auf irgendwelche Frauen, die dann als Hexen verbrannt wurden.

Damit ich nun nicht mißverstanden werde, noch dies: Ich halte den Gruppenprozeß für wichtig und wertvoll im Sinne des seelischen Wachstums. Wir reifen als Menschen an- und miteinander. Gruppenerfahrung kann etwas sehr Schönes, Wohltuendes sein. Im Kern sehe ich hier vor allem die Familie als Urgruppe mit "Hof, Land und Tieren" in seiner idealen Form. Alt und jung bilden noch eine entwicklungsmäßige Einheit und "gewinnen " im Umgang miteinander. Die Aufgabe besteht darin, den Individualisierungsprozeß des einzelnen im Rahmen der Gemeinschaft in gesunder Weise zu fördern. Integration und Individualisierung sind die beiden zu vereinigenden Pole. Gelingt dies durch Gottes Hilfe, kann schöpferisches Leben in der Gruppe gedeihen. Abhängig ist dies alles aber vom wahrhaftigen Entwicklungsweg des einzelnen, nämlich der Aussöhnung mit dem persönlichen Schattenanteil. Wenn dann alle zu ihrem Selbst, dem Ausdruck Gottes in sich, gefunden haben, dann werden sich die Worte der Johannes-Offenbarung erfüllen:

Siehe da, die Hütte Gottes bei den Menschen! Und ER wird bei ihnen wohnen, und sie werden SEIN Volk sein, und ER selbst, Gott mit ihnen, wird ihr Gott sein. (Offb. Joh.21,3).

Ich bin geneigt, das "bei" in ein "in" zu verwandeln: Die Hütte Gottes *in* den Menschen! Und ER wird *in* ihnen wohnen . . . Wie sagt Jesus doch so wunderschön und klar: *"Denn sehet, das Reich Gottes ist **inwendig in euch**."* (Luk.17,21).

Jede missionarische Besserwisserei ist eine Form intellektueller Vergewaltigung des Nächsten. Ihn aber zu lieben heißt, daß ich meinem persönlichen Weg folge und den anderen *seinen* Weg frei gehen lasse, ja, ihn in der Freisetzung *seines* Wesens fördere. Der erste Schritt lautet, *den Nächsten nicht verändern zu wollen.*

Liebe deinen Nächsten . . .

"Wie sollen die anderen mit mir umgehen?" Diese Frage kann uns den Zugang zur Frage "Wie soll ich den Nächsten denn lieben, wie sieht das konkret aus?" erleichtern. Meist gehen wir ja nur zu gerne von uns selber aus und können nun im besten Sinne mal von uns auf den anderen schließen (nach dem Motto "Was du nicht willst, das man dir tu, das füg auch keinem andern zu!"). Mir kommen zu diesem Thema folgende Gedanken:

Ich möchte zum Beispiel nicht, daß man (der Nächste: er und sie!) mir "Honig um den Bart schmiert", mich also mit Komplimenten überhäuft. Eine konstruktive, einfühlsame Begutachtung (Be-*gut*-achtung - keine "Be-*schlecht*-achtung!) hilft mir in meiner Blindheit am ehesten weiter, denn gewisse Dinge sehe ich einfach (noch) nicht. Und wenn ich mich mal total danebenbenommen habe, dann bin ich durchaus dankbar, wenn ich liebevoll und deutlich etwas von den verletzten Gefühlen meines Nächsten erfahren darf, als noch zehn- oder hundertmal denselben peinlichen Fehler zu wiederholen. Der Ton (die dahinterstehende Liebe!) macht hierbei die Musik. Weiterhin kann mir mein tieferes Empfinden sowie meine Menschenkenntnis sagen, ob die Kritik berechtigt ist oder ob es sich um eine Projektion meines Nächsten handelt (d.h. er projiziert seine eigene, ihm zur Zeit noch nicht bewußte Schwäche auf mich).

Ich möchte mich in der Gegenwart meines Nächsten wohl und frei fühlen und meine Bedürfnisse ohne Schuldgefühle mitteilen können (und seien es nur Durst, Hunger, ein Tempotaschentuch oder der notwendige Besuch einer Toilette).

Auch wäre mir viel an einem "guten Gefühlsdraht" gelegen, zumindest aber an einem wohlwollenden Bemühen, was das Entgegenkommen meines Nächsten betrifft.

Geistig sollte er mich dort "abholen", wo ich stehe. Das gilt allerdings nur für den Fall, daß ich in einem bestimmten Lebensbereich "unter" ihm oder ganz woanders stehe, denn wir sind nun mal nicht alle gleich, haben nicht alle dieselben Erfahrungen gemacht. Ein Physiker sollte mir seine Thematik möglichst in einer für mich faßbaren Weise darstellen und sich auch bemühen, die Welt einmal mit "meinen Augen" nachzuempfinden - soweit es ihm gegeben wird.

Natürlich möchte ich in meinem persönlichen Sein angenommen, zumindest respektiert (gewürdigt) werden. Wenn mir Freiräume zur Entfaltung meines Wesens (körperlich, seelisch und geistig) geschaffen werden, kann ich das offenbaren, was Gott in mich für meinen Nächsten hineingelegt hat. Wer mir Vertrauen schenkt, dem kann ich mich anvertrauen.

Wunderbar wäre es, wenn mich mein Nächster in die Freiheit meines göttlichen Selbst führen könnte, mich also nie von sich abhängig machte. Dies setzt voraus, daß all sein Sprechen und Tun mir gegenüber vom Gebet und dem Horchen auf seine höhere Führung durchdrungen ist.

Wenn mir mein Mitmensch in gewissen Dingen nicht folgen kann, dann sollte er das ehrlich sagen und mich nicht als Idioten abstempeln, also zum Beispiel aggressiv reagieren. Gleiches gilt für mich: Ich möchte ungeniert sagen dürfen, daß ich etwas gedanklich und gefühlsmäßig nicht nachvollziehen kann oder mich etwas überfordert. Wie anstrengend ist es, immer noch interessiert "Aha, ja, genau!" zu heucheln, wenn man schon fünfmal den (Gedulds-)Faden des Gespräches verloren hat. Ich bin heute eher in der Lage, ein "Können wir mal Pause machen, mich verlassen momentan die Kräfte!" oder "Wissen Sie, ich erlebe das ganz anders . . ." ehrlich einzuschieben. Denn wer zum Beispiel nur Monologe halten will, der kann nie mein Gesprächspartner sein.

Ich wäre meinem Nächsten dankbar, wenn er mir behutsam die Themen bewußt macht, die zwischen meinen Worten anklingen und die mir noch nicht voll bewußt sind oder die ich nicht anzusprechen wage. Denn vielleicht habe ich den Hilfeschrei meiner Seele nicht wahrgenommen.

So wäre es mir wichtig, wenn mich ein aufmerksames Du bei drohender Gefahr ("Ich laufe ins offene Messer") im Sinne einer Warnung in Frage stellen würde. Denn ich habe erfahren: Sich in Frage stellen zu lassen und zu einer Umorientierung durchzuringen kann lebensrettend sein. Manche Irrwege führen aufgrund tiefsitzender "Betriebsblindheit" und fehlender Demut an den Abgrund des Todes.

Für den Wunsch meines Nächsten, mich meine Fehler selber entdecken zu lassen (ich darf die Decke der Unbewußtheit selber heben und finde meinen wunden Punkt *ohne* den peinlichen - schmerzvollen - Fingerzeig eines anderen) wäre ich besonders dankbar. Dies setzt natürlich eine Haltung der Demut beim Du voraus (wie gern würde ich in ihren Genuß kommen!).

Ich weiß den anstrengenden Weg des anderen Menschen zu schätzen, der sein individuelles Sein auszudrücken bemüht ist und nicht mich oder andere "Vorbilder" zu kopieren versucht. Ich möchte "ich" sein dürfen, und er/sie darf er/sie sein - einmalig gottgeschaffen. Wenn der Nächste sein göttliches Wesen Stück für Stück bis in die Stofflichkeit dieser Welt hinein verwirklicht, dient er mir in meinem Selbstfindungsprozeß am besten. Die schöpferische Vielfalt in der Einheit der Liebe wird dann unter uns Menschen spürbar.

Und zum Abschluß: Wie schön wäre es, wenn der mir begegnende Mensch trotz all meiner Armselig- und Unzulänglichkeiten den göttlichen Kern in mir suchte und nie von dem Bemühen abließe, mich zu lieben.

Ich denke, jeder kann das Gesagte nun umdrehen und mir vielleicht in einigen oder gar allen Punkten zustimmen, wie es aussehen könnte, den Nächsten zu lieben. Natürlich hat ein jeder ganz unterschiedliche Werte und Bedürfnisse. Ein Raucher würde sich vielleicht wünschen, daß ihm der Nächste eine Schachtel Zigaretten schenkte. Nur sind wir uns im Rahmen dieses Buches wohl einig, daß das Rauchen mit all seinen Folgeproblemen beziehungsweise daß die Befriedigung jeglicher Süchte nicht gerade den Menschen in die individuelle Freiheit führt. Liebe im göttlichen Sinne verwirklicht sich nie ohne Weisheit, ja muß mit Weisheit, Wille, Ordnung, Ernst, Geduld und Barmherzigkeit in einer Einheit gesehen werden. Denn die Liebe ist des Gesetzes - aller Gesetze - Erfüllung.

Liebe ohne Weisheit führt zu den menschlichen Irrtümern, die wir unter anderem auch als Affenliebe und Hörigkeit bezeichnen können. Wir sollten uns krankhafte Seelenhaltungen bewußt machen und diese bei uns und anderen erkennen können, um nicht in eine unehrliche und verletzende Kommunikation abzurutschen (denn nach unten geht es immer leicht und schnell . . .). Im folgenden habe ich versucht, ein paar ziemlich verbreitete krankhafte Seelenhaltungen darzustellen.

"Ich habe immer recht, denn ich bin sowieso der Größte!" - die **Rechthaberhaltung**

"Entschuldige bitte, daß ich nach meinem Gehalt des letzten Monats frage . . ."

Dies meint soviel wie *"Entschuldige bitte, daß ich überhaupt existiere!"* - die **Konfliktvermeidungshaltung**

"Das mußt du nur mal ganz logisch betrachten, dann wirst du sofort einsehen, daß . . ." - die **analytische Denkerhaltung** oder das Richtig-falsch-Weltbild

"Nun begründe mir mal bitte vernünftig, warum du das tun willst!" - die **Denkerhaltung**, die Gefühle nicht erlaubt. Man versuche nur mal logisch zu begründen, warum man ein bestimmtes Gefühl hat. Bei dieser Haltung zählt nur das, was gedanklich zu belegen ist. Die Geringschätzung der Gefühle.

"Hör mal, du machst mich noch ganz krank mit deinem ewigen . . ." - die **Schuldzuweisungshaltung**

"Wenn du mir . . ., dann bin ich auch bereit, dir . . . !" Die **Bedingungshaltung**, eine Art Geschäftsbeziehung, bei der das Preis-Leistungsverhältnis stimmen muß.

"Du möchtest doch auch...!?!" - die **manipulative Haltung**; durch Suggestivfragen versucht man, den Partner in die gewünschte Richtung zu bringen.

"Herbert hat aber gesagt, daß sich das Heiraten heutzutage sehr ungünstig auf die Partnerschaft auswirke!"-

Die **Haltung der Fremdorientierung**; die eigenen Gefühle und Gedanken werden nicht wahrgenommen oder verleugnet. Je öfter ich andere Meinungen zitiere, desto schlechter ist mein Zugang zum eigenen Inneren.

Schöpfen wir aus unserer Mitte, so wird deutlich: Göttliche Liebe ist immer auch weise (wahrhaftig), und göttliche Weisheit ist immer auch liebevoll. Beides ist eins. Wahre Nächstenliebe wird immer alles daran setzen, das Du in seiner Individualität zu fördern. Gleichmacherei wäre das genaue Gegenteil. In der Vielfalt der Einheit Gottes liegt die Schönheit SEINES Wesens. Das sind nämlich wir alle: wunderbare Lichtstrahlen des EINEN Lichts. Mögen wir einander in der Finsternis des Bewußtseins auf dem Wege heimleuchten! Ich brauche deine Hilfe. Wenn ich dir in meinem (unserem) Leben begegne, dann möchte ich die Botschaft erfahren, die Gott in dich für mich hineingelegt hat. Denn jeder Mensch ist eine Botschaft Gottes, ein Botschafter SEINER Liebe.

Liebe und ihr Offenbarwerden
in Seele und Körper

Ich trennte das Hohe vom Tiefen,
das Licht von der Finsternis,
das Gute vom Bösen,
die Seele vom Leib
und mich von dir.
Was ich verschmähte,
war der unbekannte Teil von mir,
den ich immer nur in dir sah.
Als ich dich zu lieben wagte,
geschah Erwachen:
Ich begegnete mir in dir.
Erwählen und Verschmähen endeten,
als ich erkannte: Ich erschuf alle
Trennungen in meinem Denken.
Liebendes Sein begann uns zu erfüllen.

Ich glaube, wir verschenken ein ganzes
Universum, wenn wir uns nicht berühren.
(Dr. Walther Lechler)

Die Lebenskraft, die Liebe Gottes strömt aus der Ebene
des in uns wohnenden Geistes in die Seele und in den
Körper hinein und möchte sich hier ausdrücken und offenbaren. Die Erfahrung seelischer Nähe und seelisch-geistiger
Verwandtschaft läßt uns die tieferen Dimensionen des heute
so oft mißbrauchten Begriffes der *Liebe* erahnen. Wenn das
Ich mit einem Du eine innere Verbindung eingeht, wenn
wirkliche Begegnung, wahrhaftiger Austausch seelisch-

geistiger Kräfte stattfindet, dann können wir unserem wahren Wesenskern näherkommen: dem bewußten Gewahrwerden des Seins, der Liebe Gottes in uns.

Im Körperlichen wird diese unfaßbare Lebenskraft für uns am begreiflichsten, wirklich tast- und fühlbar. Alle Körperlichkeit, die ja auch zugleich Abgrenzung und Trennung von Ich und Du bedeutet, dient in ihrer massiven Verdichtung der Bewußtwerdung der Seele. *Sie* steht in ihrem fließenden Lichtsein zwischen zwei Reichen: dem Geist und der Materie. Scheinbar völlig Gegensätzliches, Wesensfremdes soll sie in ihrem erfahrenden Gewahrwerden miteinander verbinden. Doch auch das Körperliche stellt in letzter Konsequenz Geistiges dar, ist gebundene Kraft in der bewußtseinsmäßigen Gottferne. Dahinein, in diese Körperzellen, in all die Formen und Organverbände, soll erlösende, befreiende Geisteskraft fließen. Denn Gott liebt das Gottferne, das aus dem Vaterhaus Ausgezogene: Seele *und* Leib!

Mein eigener Weg und der vieler Menschen, die ich in den letzten Jahren sprechen durfte, hat mir gezeigt, wie schwer sich viele christlich ausgerichtete Menschen mit der Körperlichkeit tun. Tief sitzt das jahrhundertealte kirchlich-dogmatische Programm, alle Körperlichkeit sei schlecht, unrein, sündig und Berührung bedeute so gut wie immer die Abwendung von Gott. Immer mehr scheint mir eine der größten Tragödien der Menschheit die Spaltung der Sexualkraft von der göttlichen Schöpferkraft zu sein. Die Kraft der Fortpflanzung und Neuschöpfung auf allen Ebenen des Seins zu verteufeln heißt, sich gegen die göttliche Schöpfermacht im Menschen zu stellen. Diese Denkschablonen haben gefühlsmäßige Kälte und Mißtrauen gegenüber allem Körperlich-Sexuellen unter Christen erzeugt. Am ärgsten scheinen die Kleriker selber betroffen zu sein: Nonnen und Priester dürfen ihrer unter der Oberfläche spürbaren Sehnsucht nach liebeerfüllter seelischer und körperlicher Nähe zu einem Du keinen Ausdruck geben - und dies als "freiwilliges" Gelübde. Das Zölibat der Priester ist als Forderung der katholischen Kirche Ausdruck dogmatischer Verhärtung und fehlenden Einfühlungsvermögens in die - von Gott geschaffene! - menschliche Natur. Unser Weg zu Gott führt über die Erfahrung der eigenen (göttlichen!) Schöpferkraft, das heißt die Verbindung der Sexualkraft mit einem Bewußtsein liebender Einheit. Wenn im Hinblick auf die Sexualkraft etwas teuflisch ist, dann ihr liebloser, egoistisch sich von der Einheit mit Gott abspaltender Gebrauch. Wenn das Ich nur mit eigenem Lustgewinn bei sich bleibt und im sexuellen Geschehen nicht zur liebevollen Begegnung mit einem Du findet, mißbraucht es die sexuelle Energie und verstärkt seine Absonderung von Gott.

Eugen Drewermann, katholischer Priester und Psychotherapeut, hat in seinem bemerkenswerten Buch »Kleriker - Psychogramm eines Ideals« (A. 2)die seelische Konfliktsituation der Kleriker im Hinblick auf die drei Gelübde Keuschheit, Armut und Gehorsam eingehend untersucht und den katastrophalen Konflikt zwischen kirchlichdogmatischer Forderung und menschlicher Natur sehr klar auf der Basis seiner Praxiserfahrungen herausgearbeitet.

Ich erwähne den kirchlichen Konfliktrahmen bewußt, denn es ist noch nicht allzulange her, daß der auf dem Gebiet der Sexualität nicht im mindesten hilfreiche Einfluß der Kirche zu schwinden begonnen hat. Viele Generationen haben sich mit endlosen Schuldgefühlen, Verdrängungen und Zwiespältigkeiten unter der angstverbreitenden Herrschaft der Kirche herumgequält. Die Drohung, das Seelenheil bei Nichtbefolgung der kirchlichen Moral zu verspielen, beeindruckte das Bewußtsein des 15. oder 18. Jahrhunderts wesentlich stärker als in unseren Tagen.

Ein wichtiger Grund für die Angst vor körperlicher Berührung liegt in der - kirchlich stark beeinflußten - Abwertung des Körperlichen schlechthin: "Dies gilt als Bereich der Sünde, hier ist der Mensch in seiner absoluten Gottferne wiederzufinden." Da verwundert es um so mehr, daß Gott sich selber in Jesus Christus in die Körperlichkeit hineinbegibt. Sollte dieser Schritt in die gottferne Körperlichkeit einschließlich des seelischen Aspekts nicht Grund zu der Vermutung sein, daß Erlösung sich in der Annahme und Durchdringung des Unerlösten vollzieht? Der Fluch körperlichen Leidens und Sterbens wird für den Reifungsprozeß der menschlichen Seele zum Segen: Die Liebe nimmt das Kreuz der schmerzvollen Körperlichkeit auf sich und vollbringt in der liebevollen, demütigen Annahme dieses irdischen Gefängnisses die Verwandlung und Erlösung. Die Vergeistigung der Materie, wie sie der Mystiker Carl Welkisch (Anhang Nr. 3) erleben durfte, ist Teil des Erlösungsplans Gottes für den Menschen und die ganze Schöpfung. Die relativ lieblos schwingende Körperzelle (im Vergleich zur Seelenenergie) bedarf des Seelisch-Geistigen, um in ihrem Energieniveau gehoben zu werden. Geschieht dies, so wird der Körper nicht mehr ein "schwerer Klotz am Bein der Seele" sein, sondern seinen Dienst als "Raumanzug der Seele" zum Erfahrungen sammeln hier auf Erden sinnvoll erfüllen.

Die Körperfeindlichkeit ist, wenn man den Zeitgeist näher beleuchtet, in eine Sucht nach Körperlichkeit umgeschlagen, denn alle Körperlichkeit wird heutzutage sehr schnell sexualisiert, das heißt, sie wird im Sinne des »Sex« und des »Geschlechtsverkehrs« einseitig interpretiert. So stehen das hemmungslose Ausleben und die völlige Ablehnung des Geschlechtlichen einander gegenüber. Beide Extreme berühren den Bereich der Besessenheit: Der Sexsüchtige ist genauso krank wie der Kleriker, der krampfhaft seine Sexualität bekämpft und unsagbar unter Angst- und Schuldgefühlen leidet. Beide zusammen bilden die zwei Seiten der einen Medaille: die unerlöste Körperlichkeit, die unerlöste Sexualkraft. Und es sind ja nicht nur die Kleriker, die den "unteren" Lebensbereich (die unteren Chakren) als unrein und Hindernis auf dem geistigen Wege abtun. Auch viele esoterisch-spirituelle Gruppierungen verneinen die Sexualität und betrachten sie sehr einseitig unter dem Aspekt primitiver Triebhaftigkeit.

Die Überwindung der Verfeindung zwischen Seele und Körper und zwischen Mann und Frau stellt eine der großen Herausforderungen unserer Zeit dar. Feministische Tendenzen scheinen das Spannungsfeld eher noch anzuheizen, so berechtigt die Forderung nach gesellschaftlicher Gleichstellung der Frau auch ist. Die Aussöhnung der gegengeschlechtlichen Seelenanteile in der jeweils eigenen Psyche von Mann und Frau kann sich am tiefgreifendsten in der Partnerschaft Stück für Stück vollziehen. Mann und Frau bilden eines der größten Spannungsfelder hier auf Erden. Wenn wir beide Pole nicht als etwas Sichausschließendes, sondern als Ergänzung begreifen, kann sich ein intensives Wachstum zur *Einheit* des Menschen hin entwickeln. Der Mensch ist eben *Mann **und** Frau*.

Ich habe bereits dargestellt, daß der Frau das Fühlen wesentlich nähersteht und dem Manne das Denken. Beide aber sollen das jeweils noch Unterentwickelte in sich fördern. Dies geschieht im fruchtbaren Austausch insbesondere auf der Ebene der Berührung, des Augenkontakts und des Gesprächs. Deshalb halte ich grundsätzlich jede Bezie-hungserfahrung für wertvoll, denn immer findet doch mehr oder weniger intensiv ein Lernprozeß statt, der uns zur alles Gegensätzliche vereinigenden Liebe hinführen möchte.

Wir sind Übende und Wachsende hier auf Erden, und kirchlich-moralisierende Forderungen nach einer perfekten, lebenslangen Ehe liegen weit von der gegebenen menschlichen Ausgangslage entfernt. Die Unauflöslichkeit der Ehe als Sakrament und Dogma ist - angesichts der steigenden Scheidungszahlen - realitätsfremd und erfaßt den Menschen nicht annähernd in seiner Entwicklungsproblematik. Leben verläuft nun mal nicht nach dem Motto "Bis daß der Tod euch scheidet". Ich meine, dies ist schlichtweg Menschenwerk und hat mit der Liebe und Barmherzigkeit Gottes nichts zu tun. (Eine echte Liebesbeziehung halte ich selbst durch den Tod des einen Partners nicht für zerstör- oder auflösbar!) Natürlich ist es schön und wichtig, wenn Mann und Frau in ihrer Ehe in einem lebendigen Entwicklungsprozeß bis zum irdischen Ende miteinander verbleiben. Doch wie oft sind solche Jahrzehnte-Ehen völlig erstarrt und bergen nur noch zwei seelische Leichname. Wir tun gut daran, Ehe und Partnerschaft viel stärker unter entwicklungsmäßigen Aspekten zu betrachten, anstatt zähneknirschend zu glauben, ein Fünfzig-Jahre-Durchhalte-Ideal erfüllen zu müssen. Was zählt denn vor Gott? Unsere Gesetzestreue und -erfüllung oder die gelebte Liebe?

Natürlich bringt diese Liebe auch Opfer, aber ich frage mich, ob Gott Freude daran hat, wenn dieses Opfer zur seelisch-körperlichen Selbstzerstörung wird oder die Kinder seelischen Schaden nehmen, wenn Vater und Mutter sich allabendlich streiten und schlagen. Was ist mit der Frau, die fünfzig Jahre lang zu allen Entscheidungen ihres (dickschädeligen) Mannes "ja und amen" gesagt hat? Nach seinem Tod sitzt sie wie ein ängstliches Häschen in der Grube völlig willenlos da, weil sie es nie gewagt hat, ihren Willen kundzutun *und* danach zu handeln.

Begreifen wir, worum es in der Partnerschaft von Mann und Frau, letztlich in jeder zwischenmenschlichen Begegnung geht? Wie sieht eine ehrliche, klare Kommunikation aus? Wie muß der Alltag gestaltet werden, um nicht aneinander vorbeizuleben? Wie sieht ein lieberfüllter Umgang mit der Sexualität aus, der nicht auf der Ebene der bloßen Triebbefriedigung stecken bleibt?

Ich bin durchaus dafür, jeden Versuch zu unternehmen, eine krisengeschüttelte Ehe zu retten beziehungsweise den

Betroffenen Hilfe zukommen zu lassen. Und gerade hier liegt häufig das erste Problem: Die Eheleute sind sich meist nicht bewußt, daß sie Hilfe von außen(!) bräuchten. Denn wenn ich den Satz höre "Wir versuchen es jetzt noch mal miteinander", kommt das schon einer Bankrotterklärung gleich, und die Trennung erfolgt meist kurz darauf, wenn nicht ernsthaft Hilfe in Anspruch genommen wird. Vielleicht erkennt der eine der beiden noch die Notwendigkeit, einen Dritten hinzuzuziehen, aber der andere mag aus Scham- oder Überlegenheitsgefühlen einen solchen Schritt nicht tun.

Es sieht so aus, als ob es sich viele Menschen in Sachen Beziehung heute sehr leicht machten: "Wenn es mit diesem Partner nicht klappt, dann suche ich mir einen anderen." Die Flucht vor dem Partner, der im seelischen Entwicklungsprozeß immer auch die eigenen Schwächen und Schattenbereiche widerspiegelt, bildet zunächst die bequemste "Lösung". Allerdings kann das zu einer sehr anstrengenden lebenslangen Flucht werden, die auch ihre unangenehmen "Nebenwirkungen" hervorbringen wird. Hier kann nur die innere Weiterentwicklung des einzelnen Menschen weiterhelfen.

Wir alle brauchen in Krisensituationen kompetente Hilfe. Im Idealfall durch die Führung unseres inneren, göttlichen Selbst oder durch ganzheitlich orientierte Beratung von außen. *Seelenheilkunde* darf sich nicht nur auf den Bereich der Psychosomatik oder Psychotherapie beschränken, sondern es ist an der Zeit, sich der Dimension des Geistes im Sinne allumfassenden Heils bewußt zu werden. Hier wären alle gefordert: Arzt, Psychotherapeut, Heilpraktiker und Priester. Sie müßten dem Suchenden die seelischgeistigen Wachstumsabläufe und Schicksalsgesetze nahebringen und den Menschen in die Freiheit der persönlichen Verantwortung - vor Gott in ihm! - führen. Die Zeit der von äußerer Autorität blind übernommenen Weisung sollte für geistig erwachende Menschen ihrem Ende entgegengehen. Geistige Führerschaft hat heute die Aufgabe, die Seele mit der in ihr wohnenden göttlichen Autorität zu verbinden und jegliche Abhängigkeit zu vermeiden. Die Hinführung zu Meditation und Gebet halte ich für einen wesentlichen Schritt im verantwortungsvollen Umgang mit sich und den anderen. Das Erlernen der ehrlichen Gefühlsäußerung, wie es heute in vielen Therapieformen geübt wird, bildet einen weiteren Schritt. Dazu gehört die Aufarbeitung aller persönlichen Irrtümer und Täuschungen, die sich in unseren Denkmustern und emotionalen Reflexen äußern (besonders im Hinblick auf das Thema »Sexualität«). Arbeit gibt es auf diesem Gebiet genug!

So dürfte deutlich geworden sein, daß starre, oft regelrecht lebensfeindliche dogmatische Forderungen dem Entwicklungsweg der Seele nicht dienlich sind. Ich glaube, Gott geht mit seinen Kindern wesentlich barmherziger um, als diese Kinder es untereinander zu tun pflegen. Gott schenkt die Chance zum Neubeginn, wenn morsche Ehefassaden zusammengestürzt sind: Und dies auch mit einem anderen Partner. Leben verläuft nun mal nicht bilderbuchartig geradlinig, wie es manche Menschen gerne hätten. Wenn wir wirklich leben wollen, dann heißt das immer wieder, das Wagnis der Entwicklung und Wandlung einzugehen.

Zum grundlegenden Verständnis noch einmal dies: Das Wesen Gottes, bedingungslose Liebe, möchte sich in uns und durch uns ausdrücken. Am Menschen soll die Liebe Gottes offenbar werden. Geistiges möchte sich durch die Seele hindurch in Form klarer, befreiender Erkenntnis (Weisheit) und in Gefühlen wie Geborgenheit, Vertrauen und seelischer Wärme einem Du schenken. Ich empfange aus Gott und gebe an ein Du weiter. Zugleich beschenkt mich ein Mensch aus seiner inneren Quelle der göttlichen Liebe, und ich antworte (und *ver-antworte*!) in Resonanz dazu mit dem Fließenlassen jener Kraft, die immer wieder nur verbinden und Einheit schaffen kann.

Nun sind wir aber auch Geschöpfe aus "Fleisch und Blut", und ich empfinde es als natürlich, daß die in die Seele strömende Liebe auch bis in alle Körperlichkeit eindringen möchte. Der schwere, träge, erdgebundene Körper soll durch die Einstrahlung des Seelisch-Geistigen gehoben, freier und lichter werden. Dieser Körper ist ein Geschenk Gottes an uns, um hier in der verbindlichen Begreiflichkeit der irdischen Welt Erfahrungen zu sammeln, die nur hier auf Erden in solcher Intensität möglich sind. In unserer Körperlichkeit dürfen und sollen wir uns schöpferisch ausdrücken - wie ein Künstler, der einen Menschen aus Lehm formt und sich selber zunehmend bewußter in diesem Vorgang erfährt.

Sicherlich sollten wir uns nicht im Körperlichen verlieren und dabei unsere geistigen Wurzeln vergessen. Der Auftrag lautet, das Körperliche mit einem liebenden Bewußtsein zu erfüllen und es in den Dienst des Seelisch-Geistigen zu stellen. Dem mir begegnenden Menschen durch eine liebevolle Umarmung nahe sein zu wollen, vertieft unser seelisches Einander-Erleben. Das muß, wie so oft heute fehlinterpretiert, mit sexueller Regung absolut nichts zu tun haben. Denn ich berühre zwar seinen Leib, meine aber seine Seele und seinen Geist. Meine Motivation und Zielrichtung bildet den ausschlaggebenden Punkt.

In unserer ohnehin schon kopflastigen Zeit verkrüppeln wir seelisch vollends, wenn wir nicht endlich zu unserer Sehnsucht nach körperlicher Nähe ehrlich stehen. Die Verdrängung macht sich in gesteigerter Triebhaftigkeit Luft, und Liebe wird zu bloßem Sex reduziert. In solchen ständig wechselnden, weil ohne wirklich seelische Beteiligung verlaufenden Beziehungen wächst der Frust und die innere Not zunehmend. Doch dahinter verbirgt sich Sehnsucht nach völligem Angenommen- und Geborgensein.

Wahrhaftige Intimität (Vertrautheit), die sich bis ins Körperliche erfüllen möchte, halte ich mit nur einem Partner für möglich. Der Mensch, geschaffen als Mann und Frau, findet zu seinem inneren Gegenstück in der völligen Hingabe an ein Du. Als Mann beginne ich die Frau in mir zu entdecken, indem ich einem weiblichen Du auf allen drei Seinsebenen begegne. Dann erfahre ich immer mehr Einheit mit dem Wesen Gottes in mir, welches männlich und weiblich, eben alles in allem, ist. Ich werde wirklich Mensch: Mann und Frau als der "einige" Mensch! Die Aussöhnung dieser beiden Pole bildet ein Abbild der göttlichen Schöpferkraft.

Es stimmt traurig, wie sehr in unserer Zeit die menschliche Begegnung sexualisiert wird: Alle Gesten der Kommunikation, das Zeigen körperlicher Schönheit, alles läuft in diesem Rahmen auf den triebhaften Geschlechtsverkehr hinaus. Am Ende bleibt ein kulturell verstärktes Bild von Beziehung in der Seele hängen, das ungefähr so aussieht: Selber sexuell anziehend wirken (nur nicht alt werden), einen gutaussehenden und gutverdienenden Partner angeln, um ihn/sie dann eifersüchtig in Besitz zu nehmen und Liebe mit ihm/ihr "zu machen". Was wir in Film und Fernsehen an Beziehungsmustern gezeigt bekommen, halte ich im wesentlichen für krankhaft. Das rein Körperliche dominiert, und wenn es zu seelischen Gefühlen kommt, dann handelt es sich um Eifersucht (die Unfähigkeit, aus der eigenen Mitte heraus zu leben und den Partner liebend freizulassen, nach dem Motto: "Ich lebe aus dir, weil ich zu meinem Inneren keine intakte Verbindung habe - ohne dich kann ich nicht leben . . .!") sowie Verlustängste und Haß gegenüber Beziehungskonkurrenten.

Schauen wir uns die körperliche Nähe genauer an. Sie kann sehr liebevoll und zart auf das Du abzielen oder egoistisch-triebhaft zur eigenen Lustbefriedigung bei sich selber bleiben. Letzteres erzeugt nach aufreizenden

Gefühlswallungen eine Stimmung der Verlassenheit und Isolation (soweit man/frau zu einer ehrlichen Wahrnehmung fähig ist!). Körperliches wird für sich allein nie Seelisch-Geistiges aufwiegen oder ersetzen können. Immer muß das Innere, welches den Menschen wesentlich, nämlich ein Wesen aus Gott, sein läßt, zuerst in Erscheinung treten. Dann mag sich daraus körperliche Begegnung entwickeln, sie ist und bleibt in ihrer Erfüllung aber immer Folge des ersteren.

Letztlich sind und bleiben wir Lernende, besonders Wiederentdeckende, was die zärtliche, liebeerfüllte Berührung eines Du angeht. Das »Wie« sehe ich als den entscheidenden Punkt an: Es entscheidet darüber, ob wir im Du Gott begegnen und wirkliche innere Erfüllung auf allen drei Seinsebenen (die eine Einheit bilden!) finden. Hier gilt das Wort Jesu "Wenn ihr nicht umkehret und werdet wie die Kinder, so werdet ihr nicht ins Himmelreich kommen" (Matth.18,3) in ganz besonderer Weise. Das kleine Kind verhält sich ursprünglich und echt. Es hegt keine dunklen Gedanken, wenn es sich liebevoll berühren läßt oder selber engen Hautkontakt eingeht. Es lebt noch in der unmittelbaren Wahrnehmung des Fühlens, zu der der denkende, ständig reflektierende Mensch erst wieder mühsam hinfinden muß. Dr. Walther Lechler nennt dieses Grundbedürfnis des Menschen »bonding«, das heißt die Sehnsucht, Verbindung mit einem Du körperlich auszudrücken. Es ist so wichtig wie die Luft zum Atmen. Ein ganzes Universum gilt es zu entdecken. Was hält uns noch davon ab?

Zum Schluß dieses Kapitels möchte ich noch einige Anregungen zur Überwindung der Körperfeindlichkeit geben. Das Gebet wirkt Wunder, wenn es uns ernst ist und uns bewußt geworden ist, *was* wir Gott zur Verwandlung geben wollen und *was* wir als Geschenk von IHM empfangen möchten. "Bittet, so wird euch gegeben" gilt auch in diesem

Lebensbereich, denn für Gott, so glaube ich, gibt es nichts von Natur aus Schmutziges im Hinblick auf die Sexualität. Unrein, lieblos und im tieferen Sinne unkeusch sind höchstens unsere Gedanken und Motive, mit denen wir einem Du begegnen. Der Franziskaner Richard Rohr sagt zum Begriff der *Unkeuschheit* sehr treffend: "Es handelt sich um die Vergewaltigung eines anderen Menschen aus Lust oder Leidenschaft; der andere wird schamlos benutzt, in Besitz genommen oder unterdrückt. Unkeuschheit bedeutet, daß ich einen anderen Menschen ausnutze und seine Würde nicht respektiere." (Anhang Nr. 4)

Keuschheit oder Unkeuschheit beginnt für mich in Gedanken und Gefühlen, aus denen sich dann ein Wollen formt. Mit welcher inneren Haltung sehe ich als Mann eine Frau an? Nehme ich sie gedanklich in Besitz, bedränge ich sie mit sexuellen Vorstellungen, die ihr Unter- oder sogar ihr Wachbewußtsein erreichen? Respektiere ich ihre Würde und Freiheit als ein Geschöpf und Ebenbild Gottes?

Wir können immer wieder sehen: Sind die Gedanken und Gefühle rein und liebevoll, werden ebensolche Worte und Taten folgen. Sind die Worte und Taten lieblos, so sind es die Gedanken und Gefühle, die verborgenen Regungen der Seele, auch. Und genau hier, auf der feinen Ebene der seelischen Regungen, sollte der Wandlungsprozeß im Gebet beginnen. Folgende Gebete, die immer wieder meditativ gesprochen, geschrieben oder auch nur gedacht werden können, mögen als Anregung dienen.

»JESUS CHRISTUS, ich danke DIR, daß ich einen Körper aus DEINER schöpferischen Liebe für meinen Erdenweg empfangen habe!«

»JESUS CHRISTUS, danke, daß ich ein Mann/eine Frau bin! Bitte offenbare DU DEINE Liebe durch mich hindurch: in Seele und Körper!«

»JESUS CHRISTUS, ich lasse meine Körperfeindlichkeit los und übergebe DIR meine verzerrten, lieblosen

Vorstellungen über die Sexualität. Bitte verwandle das alles im Feuer DEINER Liebe, so daß Geist und Seele auch in der körperlichen Liebe die Führung übernehmen!«

»JESUS CHRISTUS, ich übergebe DIR meine Angst vor der Sexualität und bitte DICH um DEINE liebevolle und weise Führung in diesem Lebensbereich!«

»JESUS CHRISTUS, ich bitte DICH um ein neues, liebevolles Verständnis und Erleben der Körperlichkeit! Laß mich DICH auch in diesem Lebensbereich finden!«

»JESUS CHRISTUS, bitte führe mich zu dem Menschen, mit dem ich partnerschaftlich lernen und reifen darf, um Liebe zu empfangen und zu geben!«

Im Rahmen der meditativen Kontemplation sehe ich ganz neue Möglichkeiten, sich mit dem Suchtobjekt, zum Beispiel mit sexuellen fotographischen Darstellungen, auszusöhnen. Im Zustand der meditativen Verinnerlichung stellt sich der Süchtige dem Suchtobjekt und beginnt, es mit einem liebeerfüllten Bewußtsein zu betrachten. Die Sehnsucht, göttliche Liebe beim Betrachten zu empfinden, führt Schritt für Schritt zur seelischen Nüchternheit. Nicht die Flucht vor dem Suchtobjekt, sondern die liebeerfüllte Konfrontation führt zur gedanklichen und insbesondere gefühlsmäßigen Aussöhnung mit dem "Gegner". Diesen Prozeß gilt es, im therapeutischen Rahmen zu entwickeln.

Es sei noch einmal betont: Der sexsüchtige wie der die Sexualität zwanghaft vermeidende Mensch haben ein und dasselbe Problem: eine gestörte Beziehung zur Sexualität (siehe das Kapitel »Sucht im Zeichen der Suche«). Für beide können die oben angeführten (oder ähnliche) Gebete und das Gespräch mit einem Sachkundigen ein wichtiger Schlüssel zur Überwindung der eigenen Not sein. Körperlichkeit dient uns dazu, uns selber in der Begegnung mit einem Du buchstäblich *begreifen* zu lernen. Die zärtliche Berührung, die wir schenken oder empfangen, ist ein ganz wesentlicher, verbindender und verbindlicher Teil von lebendiger Partnerschaft. Sich mit dem ganzen eigenen Wesen einem Du zu offenbaren, setzt göttliche Kräfte in uns und dem anderen frei. Dann beginnt ein Stück Heilung, eine Erfahrung der Einheit. Dies ist es, was uns hilft, denn in einer solchen Begegnung ereignet sich Leben: die Liebe des Schöpfers in uns. *Sie* kann es nie auf Rezept geben.

Meditation

Seid stille und erkennet, daß ICH Gott bin.
(Psalm 46,11)

Denn so spricht Gott der HERR, der Heilige Israels:
Wenn ihr umkehrtet und stille bliebet,
so würde euch geholfen;
durch Stillesein und Hoffen würdet ihr stark sein.
(Jes.30,15)

Aber der HERR ist in seinem heiligen Tempel:
Es sei vor IHM stille alle Welt!
(Hab.2,20)

Der Farben Vielfalt blendet die Augen.
Der Töne Fülle betäubt das Ohr.
Der Gewürze Reichtum verdirbt den Geschmack.
Der Leidenschaften Drang verwirrt das Herz.
Die Gier nach schwer Erreichbarem zerstört die Sitten.
Der Weise, von seinem Inneren geleitet,
bestimmt seiner Sinne Grenzen.
Alles Sinnliche ist ihm auch nur ein Weg zum Sinn.
(Laotse, Tao Te King, Kap. 12)

Wenn ich von Meditation spreche, so tue ich das von meinem persönlichen Blickwinkel aus und will dabei versuchen, verschiedene Stufen oder Phasen dieses innersten Geschehens aufzuzeigen.

Im Kern geht es um die bewußte Verbindung der Seele mit ihrem göttlichen Selbst, dem innewohnenden Geistfunken aus dem Geiste Gottes. *Gottesbegegnung* mag der

Versuch einer Beschreibung sein, wobei wir zunächst einige Grundbedingungen in der Begegnung mit dem Geistigen deutlich machen sollten:

1. Der uns vertraute analytische Denkprozeß muß auf dem Weg nach innen zu einem Ende kommen, da er im dualistischen, gespaltenen Erfassen des Seins stecken bleibt. Die dualistischen Denkstrukturen erzeugen ein Mangelbe-wußtsein, immer fehlt etwas, und wir spüren die Diktatur des Entweder-Oder. Im Geistigen gibt es nur Einheit, ist alle Gespaltenheit überwunden und in der Einheit vollendet. Mit dem analytischen Denken können wir Gott oder das Geistige nicht fassen, weil es sich immer an den Gegen-sätzen orientiert. Diese Gegensätze oder Polaritäten sind aber Teil der materiellen und seelischen Illusion, sind Aus-druck des Schöpfungsaktes und damit der Entfernung vom Schöpfer selber. Ziel ist die Einswerdung mit dem Schöpfer, um aus dem Bewußtsein der Einheit heraus die Schöpfung und damit uns selber neu zu erfahren.

2. Es gibt *Gedanken der Einheit*, die wir mittels unseres Denkvermögens in der meditativen Stille *empfangen* können. Die Qualität dieser Gedanken ist einzigartig: Sie bewirken in der Seele Erstaunen, Freude und Dankbarkeit. Durch solche Gedanken verspüren wir Kraft und eine innere lichtvolle Klarheit. Wir berühren hier die Ebene der Engelbegegnung. Engel überbringen als Boten Gottes solche hohen, liebeerfüllten und klaren Gedanken der Einheit, wenn wir uns im Zustand der hingebungsvollen Empfänglichkeit befinden. Insofern nimmt der Meditierende immer die weibliche Rolle gegenüber der geistigen Welt ein. Er soll und braucht nichts mehr zu machen im Sinne einer intellektuellen oder körperlichen Leistung.

Doch hier wird deutlich: Das Sichleeren, das Freisein von allen analytischen Gedankenprozessen, das Loslassen emotionaler Gebundenheit, um wirklich hingebungsvoll empfangsbereit zu sein für das Unbekannte, Unfaßbare, dies fällt uns meist am schwersten. Was wir als Menschen zum Empfangen der Gnade einer Gottesbegegnung einsetzen müssen, sind zwei Dinge: die Herzenssehnsucht, die in uns brennt und nach dem Geistigen *mehr* als nach allem anderen verlangt ("Trachtet zuerst nach dem Reiche Gottes . . .!" /Matth.6,33), und die beharrliche, tägliche Übung mit ihren Konsequenzen im gelebten Alltag.

3. Geistiges kann nur wirklich erfahren werden, wenn wir damit *eins* sind. Denn hier werden wir unseres Urgrundes gewahr: des ewigen "Ich bin". Darüber sollte man nicht diskutieren, sollte es nicht mit analytischem Denken zerspalten und seiner Schönheit berauben. Die Erfahrung des Vollendetseins in Gott vollzieht sich in der absoluten Stille und bringt eine neue, freudeerfüllte, heilige Stille hervor. Wenn das Geschöpf dem Schöpfer begegnet, geschieht Leben in seiner höchsten und tiefsten Intensität. Wer darüber nachdenken will, der trennt sich selber von diesem Leben und verliert es.

Hier stellt sich auch die Frage nach der Wahrheit. Wenn ich mich in meinem innersten Wesenskern erfahre, empfange ich "meine" Wahrheit. *Die* Wahrheit kann ich immer nur in mir selber finden: In jenem Kern, der Geist aus Gottes Geist ist und zu dem Jesus mich hinführen möchte. Geschieht diese Heimführung zum Ursprung, bin ich im Sein der Wahrheit, bin ich Leben.

Vorher betrachte ich - theoretisch, wie es auch in diesem Buch geschieht - dieses Leben, versuche mich ihm in mühseligen Einzelerfahrungen zu nähern. Doch immer wieder spüre ich Distanz, ja, halte furchtvollen Abstand zum Leben. Alle meine Betrachtungen, die ich in Worten ausdrücke, sind nicht das Leben selber. Jene Worte bilden nur Gefäße für einen Inhalt, zu dem ich *werden* muß, um seiner *gewahr* zu werden. Und es ist paradox: Ich trage diesen Inhalt bereits tief verborgen in mir und erahne einen Schatten des ewigen Lichts und bilde mir ein, dieses Licht aufgrund seines Schattens schon zu kennen. Was aber ist dieser Schatten? Auch das bin ich: Es sind die Härten, Grenzen und Verdichtungen meines Ich-Bewußtseins. Wenn ich "Ich" sage, dann beginnt die Verfinsterung und der Schatten entsteht. *Bin* ich aber ich, dann finde ich zum Licht des Lebens. Ich bin *das*. Aber jene Erkenntnis kann ich nur *sein*, ich kann sie im Zustande des Seins nicht reflektieren, denn alles erkennende Reflektieren ist immer an die Distanz von Beobachter und Beobachtetem gebunden und führt in die Verwirrung und Täuschung.

Wahrheit kann nur aus dem *Sein* selber erfahren werden. Ich muß wahrhaftig, zur Wahrheit selber geworden sein - nur so werde ich empfinden, daß Wahrheit etwas Dynamisches, sehr Lebendiges, ja das Leben selber ist. Wahrheit kann ich nicht haben, sondern nur *sein* (im Gegensatz zum *Recht-Haben!*). So geht unsere Haben-Gesellschaft an der Wahrheit vorbei, denn es gilt nur jenes, was man in Besitz nehmen und haben kann.

4. Die *Gottesbegegnung* hat folgenden Doppelaspekt: Gott in seinem unpersönlichen, unfaßbaren und unbenennbaren Sein - häufig auch als Christus-Bewußtsein oder allumfassendes kosmisches Bewußtsein beschrieben - und Gott in seiner Offenbarung als Mensch in JESUS CHRISTUS. Von Gott selber sollen wir uns kein Bildnis machen (5.Mose 5,8), denn ER bleibt für uns das unergründlich Absolute. SEIN Wesen, d.h. die Wahrheit, vereint alles Gegensätzliche. Darüber hinausführend hören wir bei Laotse im 21. Spruch des TAO TE KING sehr treffend:

Der Führungskraft höchstes Ziel ist Gehorsam gegenüber dem Unergründlichen. Wie das Unergründliche wirkt, wird niemandem kund. In unerkennbarer und nicht faßbarer

Weise erwirkt es die geistigen Kräfte; in unerkennbarer und nicht faßbarer Weise erwirkt es die Formkräfte; in unfaßbarer und nicht ergründbarer Tiefe trägt es die Keimkräfte in sich. Die Keimkräfte erwirken die Wirklichkeit, sie selber sind von der letzten Wirklichkeit erwirkt. Diese, nie ihr Wesen offenbarend, erwirkt den Ursprung des Seins. Woher weiß ich dies? Eben durch sie.

In Jesus Christus hat das Geistige, Gott selber, Gestalt und Wesen angenommen. In IHM sind Geburt und Tod, alle Polaritäten dieser Welt vereinigt und überwunden wor-den. Ich betone die Bedeutung Jesu Christi in der Medita-tion, weil wir IHN als die konkret erfahrbare Brücke zum reinen Geist (dem VATER) brauchen. Ich empfinde es als größte Gnade, daß sich das Unfaßbare, Unbenennbare ("ICH bin das A und das O", Offb. Joh. 1,8), das Sein Gottes in Jesus Christus als Mensch aus Körper, Seele und Geist geoffenbart hat. Mit IHM in uns ist der Weg der Ein-weihung im Sinne der Bewußtseinserweiterung zum Gött-lichen, zur Einheit hin gangbar geworden. Jesus Christus darf und kann von sich sagen, "der WEG, die WAHRHEIT und das LEBEN" zu sein (Joh.14,6). ER ist die Gestalt des Gestaltlosen, ER ist der Name des Unbenennbaren. Darüber zu meditieren, sich in diesen Bereich hineinführen zu lassen bedeutet, die Schwelle von der Polarität zur Einheit zu überschreiten. Am Ende empfangen wir die Gewißheit in unserem Herzen: *Es gibt nur Liebe.*

Doch bis es zur eigentlichen, bewußten Begegnung mit IHM kommen kann, sind einige Hindernisse zu überwin-den: die Lieblosigkeiten unserer Vergangenheit, alle Sün-den und Irrtümer, die uns von der Liebe entfernt oder ge-trennt halten. In der Stille tauchen dann plötzlich Bilder, Gedanken oder Gefühle auf, die uns zeigen wollen, daß noch etwas bereinigt und in Ordnung gebracht werden sollte. Das konkrete Liebeüben in dieser Welt sollte immer

Hand in Hand mit dem inneren Weg gehen. Es handelt sich um ein sich gegenseitig bedingendes, schrittweises Geschehen: Der geistige Weg muß seine gesunde Verankerung im irdischen Leben haben; anderenfalls droht die Entwurzelung und Verflüchtigung der Seele aus dem Körperlichen. Weltangst und -flucht bis hin zu Lebensunfähigkeit sowie Verantwortungslosigkeit wären die Folge.

Die alten Einweihungsrituale beschreiben immer wieder auf dem Weg nach innen die Begegnung mit dem eigenen "Schattenwesen", auch "kleiner Hüter der Schwelle" genannt. Es steht dann ein astrales, schrecklich anzuschauendes Wesen vor mir, das den dunklen Teil meiner Seele, also alle begangenen Lieblosigkeiten (in Gedanken, Gefühlen, Worten und Werken) darstellt. Dieses Wesen wurde durch meine Willensimpulse geschaffen und kann auch nur durch mein *Wollen und Tun* wieder verwandelt und aufgelöst werden. Den Mut und die Kraft für diesen Erlösungsakt zur Verwandlung dieses Wesens schenkt mir Jesus Christus durch das Ereignis SEINES Erlösungswerkes *in mir*! Ich brauche nur um diese Liebe zu bitten, dann werde ich bezeugen können, wie sich die alles aussöhnende Kraft Gottes in mir ereignet. Dann wird dieses dunkle, angsteinflößende Schattenwesen - mein "Froschkönig" - für mich zu einem wertvollen Schatz: Es enthält das Wissen um Gut und Böse und zugleich die Gewißheit, daß das Licht der Liebe den Sieg errungen hat.

Wir sollten zwei Dinge beim Weg in die Stille unterscheiden:

1. Echte Störungen von Kräften und Wesenheiten, die uns vom Meditieren, von der Begegnung mit Gott, abhalten wollen (zum Beispiel in Form banaler Gedanken des täglichen Lebens oder Gedanken wie "Warum sitzt du hier eigentlich, das bringt doch nichts ein, du könntest doch auch Geld verdienen oder Tennis spielen . . ."). Hier melden sich manchmal auch verstorbene Freunde oder Verwandte,

die unseren Weg für reine Zeitverschwendung halten und so ihren Unwillen kundtun; das Gegenteil kann natürlich auch der Fall sein: Daß wir zum Beispiel von der verstorbenen Großmutter Gedanken der Ermutigung für unser Tun empfangen, weil sie schon im Jenseits in einer höheren Sphäre lebt und den Wert unseres Handelns erkennen kann.

2. Die Begegnung mit dem "kleinen Hüter", der eine Aufforderung zur Bereinigung alter Lieblosigkeiten darstellt. Hier hilft auch immer wieder das Gebet:

»JESUS CHRISTUS, stelle bitte meine unerkannte Lieblosigkeit in das Licht DEINER Liebe und bereinige DU das bitte in mir und durch mich hindurch."«

"Durch mich hindurch" meint: Durch meinen Mund und meine Hände möchte sich Gottes Liebe in dieser Welt konkret offenbaren. Ich bin Werkzeug in Jesu Hand (Zeuge SEINES Werkes!).

Meist ist es ein langer Weg, bis man wirklich in die Tiefen der absoluten Stille vordringt und den *Klang der Stille* vernehmen kann. Worte reichen an dieses Geschehen nicht heran, sind immer nur ein Schatten des Geistigen. Auch die Sphäre des Wortes (Mantram-Meditation) sowie die der Musik (die auch "nur" Ausdruck des Geistigen ist) sollten wir irgendwann auf dem inneren Weg verlassen, so hilfreich diese Mittel und Mittler auch zeitweise sein mögen. Den Klang der Stille können wir allein mit den inneren Ohren wahrnehmen: Wer Ohren hat, der höre! (Matth. 11, 15).

Am Anfang der Meditationspraxis sollten ein paar Punkte beachtet werden, um unnötige Schwierigkeiten und Hemmnisse zu vermeiden. Grundsätzlich empfiehlt es sich, unter direkter Anleitung im Austausch mit anderen Menschen das Meditieren zu üben beziehungsweise den eigenen Weg für sich zu finden. Meditation ist nichts Statisch-Programmatisches, sondern es sollte als eine Entdeckungsreise in die seelisch-geistige Welt aufgefaßt werden. Als

Meditierende sollen wir in der Gegenwart bei unserem innersten Wesen ankommen. Dann erfahren wir Staunen, Freude und Einklang mit dem Leben.

Meditation

Wann?   Am besten regelmäßig früh morgens, nach der Körperpflege und vor dem Frühstück - nie nach irgendwelchen Mahlzeiten! Besonders der Anfänger sollte ausgeruht sein. Auch der Tag sollte durch eine Zeit der Einkehr vor dem Schlafengehen friedvoll abgeschlossen werden. Die Regelmäßigkeit von am Anfang dreimal 15 Minuten täglich ebnet uns den Weg in eine meditative, verinnerlichte Grundhaltung im Alltag, worum es ja in letzter Konsequenz geht. Das Leben in der Welt aus der eigenen Mitte heraus zu erfahren, befreit uns von Ärger, Streß und Angst.

Wo?   In einem ruhigen Zimmer, also ohne Telefon (abschalten oder Anrufbeantworter!), tickende Wecker oder Uhren und Türklingel (kein Termindruck!); mit einer angenehmen indirekten Beleuchtung, weder grelles noch düsteres Licht. Kerzen empfehlen sich, allerdings nur solche Kerzen, die unproblematisch ohne ständige Überwachung langsam runterbrennen (die Aufmerksamkeit soll ja bei geschlossenen Augen ganz nach innen gehen).

Wie?   Mit einer entspannten Sitzhaltung auf einem nicht zu weichen Stuhl mit aufrechter, gerader Wirbelsäule. Ein jeder darf selber herausfinden, ob ihm der Lotussitz auf dem Boden mehr zusagt. Im Liegen besteht die "Gefahr" des Einschlafens, da dann meist die totale Entspannung zur Müdigkeit führt. Sitzt man auf einem Stuhl, sollten die Beine leicht auseinanderstehen und am Knie einen rechten Winkel bilden. Die Fußsohlen berühren voll den Boden, die Arme hängen locker herab, so daß die Hände bequem auf den Oberschenkeln liegen, eventuell die Handinnenflächen schräg nach oben zeigen lassen.

WICHTIG: Keine beengende Kleidung; Armbanduhr, Gürtel, Schmuck, Geldbeutel ablegen! Die Nackenmuskeln dürfen nicht verkrampft sein. Man geht alle Körperbereiche Stück für Stück einfühlend durch und fragt sich, wie sich die Muskeln anfühlen: verkrampft und angespannt oder in einer gesunden Grundspannung? Kann ich Bereiche entspannen, indem ich *nachgebe* und *loslasse*? Eine ruhige, fließende Zwerchfell- oder Bauchatmung, die nicht vom Willen bewußt gesteuert werden darf, wäre wünschenswert.

Eine erste Stufe der gesammelten Aufmerksamkeit stellt die absichtslose Betrachtung (Kontemplation) eines äußeren Objektes, zum Beispiel einer Rose, dar. Es geht nur um die direkte, urteilsfreie, liebevolle Wahrnehmung. Aufkommenden ablenkenden Gedanken oder Gedanken, die das Objekt beschreiben, schenken wir keine Aufmerksamkeit, sondern kehren sofort wieder zum Gegenstand der Betrachtung zurück. Auf diese Weise erschließt sich dem Betrachter langsam das Wesen des Objektes, bis er es in späteren Phasen der Meditation in sich selber finden kann.

Das autogene Training kann als eine Vorübung zur Meditation gesehen werden und bildet heutzutage für viele Menschen den Einstieg in den inneren Seinsbereich. Doch sollte im fortgeschrittenen Stadium der Meditation vom Imaginieren (das Schaffen innerer Bilder) abgesehen werden, da hier unser Kopf meist noch eine zu große Rolle spielt. Wir wollen ja in die Mitte unseres Wesens kommen, die körperlich im Bereich der Herzbasis im unteren Brustbeinareal anzusiedeln ist (wenn wir nämlich uns selber meinen und mit dem Finger spontan auf uns zeigen, dann zeigen wir weder auf den Kopf noch auf den Bauchnabel, sondern auf die Herzbasis).

Zunächst dürfen wir als Hilfsmittel das Ziel der Meditation, die Liebe, beim Namen nennen: JESUS CHRISTUS. In der Wortmeditation bildet jedes Wort einen Schlüssel zu

einer bestimmten Kraft, zu einem bestimmten Bewußtseins-
bereich. Es gibt nur einen Universalschlüssel, der alle Türen
im Kosmos, in der gesamten Schöpfung zu öffnen vermag:
der Name des Allerhöchsten, JESUS CHRISTUS. Wer
diesen Namen mit offenem Herzen täglich wenigstens 15
Minuten lang in sich bewegt, der wird nach Wochen und
Monaten eine innere Wandlung erfahren. Die Liebe Christi
bringt die vergangenen Lieblosigkeiten zu Bewußtsein und
möchte all das bereinigen. Möge der Meditierende dem Ruf
des Gewissens folgen und liebevoll in der Welt tätig
werden. Der "kleine Hüter" der Schwelle wird uns ermah-
nen und warnen, den Weg nach innen erst weiterzugehen,
wenn im Äußeren Liebe geübt wurde, um das Innere (ihn,
den Hüter!) zu erlösen.

Wir müssen den Hüter als eine Schutzfunktion begreifen. Versuchen wir, ihn unehrlich zu umgehen, werden wir
auf dem inneren Weg irgendwann die Seelenbalance verlieren und schrecklich abstürzen. Der Drogensüchtige zum
Beispiel geht genau diesen Weg: Er versucht mittels der be-
wußtseinserweiternden Droge den Hüter der Schwelle zu
umgehen. Mit niederen Geistern geht er durch seine Neu-
gierde und Weltflucht vertragsähnliche Bindungen ein, die
dann aber schmerzvoll mit "Zins und Zinseszins" auch von
ihm später erfüllt werden müssen. Ein Verlust an Lebenskraft, Realitätssinn und Verantwortungsbewußtsein sowie
der qualvolle Horrortrip bilden den hohen zu zahlenden
Preis für die erlebte Illusionsharmonie. Dies kann und darf
nicht der Weg des geistig nüchternen und sich Jesus
Christus anvertrauenden Suchers sein. Die reifen Früchte
der Meditation wollen in Geduld und mit Ehrlichkeit empfangen werden. Schnelle Techniken und Abkürzungen ("In
zehn Tagen zur Erleuchtung") haben fast immer gefährliche
Störungen im Geist-Seele-Körper-Gefüge zur Folge (und/
oder man verliert zumindest einige tausend Mark). Auf
Unehrlichkeit folgen immer Täuschungen: Wir bleiben

dann in der Seelenwelt mit ihren vielen Bildern und Gefühlen stecken und halten das schon für geistig.

Innerhalb der Wortmeditation kann es sinnvoll sein, den Namen des Erlösers entsprechend einer besonderen Situation zu erweitern, zum Beispiel:

»Jesus Christus lebt!«
»Jesus Christus, ich liebe DICH!«
»Jesus Christus gibt Frieden!«
»Jesus Christus ist Gott!«

Wem die bildhafte Verinnerlichung Jesu Christi mehr liegt als der Weg über das Wort, der kann mittels eines äußeren Bildnisses Jesu der dahinterstehenden Wirklichkeit, Gott in Menschengestalt, näherkommen. Jesus Christus hat hier auf Erden in einem materiellen Körper gelebt und gelehrt und könnte uns auch heute noch in genau diesem Aussehen erscheinen (nur ob wir das jetzt schon so direkt aushalten könnten, ist zu bezweifeln).

Das Antlitz Jesu Christi, so wie es zum Beispiel aus dem Turiner Grabtuch reproduziert ist oder wie es nach der Vision der Sr. Faustine aus Krakau als Gemälde überliefert und im Druck erhältlich ist, strahlt tief in unser Inneres, wenn wir es täglich bewußt zunächst mit offenen Augen betrachten und später mit geschlossenen Augen in uns wachrufen. Die wiederholte Übung läßt es zu einer lebendigen Kraftquelle in uns werden, zu der wir dann in schweren Lebenslagen einen um so leichteren Zugang haben.

Wer sich mit dem Leiden Jesu Christi befaßt hat, der wird gerade im gekreuzigten Heiland SEINE Liebe spüren und ein Kreuzigungsbild oder ein schlichtes Kreuz als Meditationshilfe vorziehen. Die Verklärung SEINES Leidens und damit auch die Klärung unseres Leidens halte ich für einen äußerst bedeutsamen Bewußtseinsprozeß. Der Leidenskult des Christentums - besonders im Rahmen des Katholizismus - lief immer schon Gefahr, beim Leiden Jesu stehenzubleiben und SEINE Auferstehung und Himmelfahrt in den Hintergrund treten zu lassen sowie den Bezug zu unserem aktuellen Leben nicht in seiner tieferen Bedeutung zu erfassen. Karfreitag *und* Ostern bilden *zusammen* erst ein Ganzes: nämlich *den* Wandlungsprozeß schlechthin, der uns alle in unserem individuellen Schicksal betrifft und daher betroffen machen sollte. Die verbreitete irrige Haltung vieler Christen, das habe damals Jesus alles schon am Kreuz für sie erledigt und habe doch mit ihnen heute nichts mehr zu tun, zeigt das fundamentale Mißverständnis des Kerngeschehens auf: die notwendige *Wandlung der Seele* ist (noch) nicht erkannt worden. Zwar mag eine Bekehrung stattgefunden haben, doch kann von geistiger Wiedergeburt keine Rede sein.

Betont werden muß, daß wir nie an den erwähnten äußeren Hilfsmitteln hängen bleiben sollten und den Weg nach innen zu gehen versäumen. Bloße Kultpflege und -verhaftung läuft meist auf eine schwärmerische Verflachung hinaus. Die Phase nach der Wort- oder Bildmeditation beinhaltet das Aufsteigen der inneren Bilder und Gedanken des kollektiven Unbewußten, so daß zum Beispiel die Kreuzigungs- oder Auferstehungsszene in der Seele des Meditierenden wahrnehmbar wird.

Die dritte Phase der Meditation reicht dann in den Bereich des Überbewußtseins hinein. Hier *sind* wir das, was wir wahrnehmen. Der Beobachtende und das Beobachtete *sind eins*. Die Welt des Geistigen offenbart sich in der Seele. Der raumlose Raum, die Wahrheit der Vereinigung der Gegensätze wird zur Erfahrung. Alle einstigen illusionären Trennungen bestehen nicht mehr, und es ereignet sich das Wesen der Einheit, welches mit Worten so schwer zu beschreiben ist. Es ist der Klang der liebenden Stille, eben Einklang, der sich dem geöffneten Herzen schenkt.

Hervorheben möchte ich nochmals die tägliche Übung, denn ohne diesen ständigen Lernprozeß kann in uns keine meditative Lebenshaltung entstehen. Das Ziel ist die »24-Stunden-Meditation«, das völlige Einssein mit der Liebe. Dann können wir tun, was immer es sein mag, es wird aus unserer Mitte heraus ganzheitlich getan werden. Die äußere Form des Gebets fällt in jenem Stadium immer mehr von uns ab, denn wir sind zum Inhalt der Gebete *geworden*. Dieser Inhalt oder die Hingabe an die Einheit der Liebe zu *sein*, darum geht es. Ob Büroarbeit oder Autofahren, es ist möglich, die Verbindung zur Mitte zu allen Zeiten und an allen Orten zu halten. Natürlich ist es ein langer Weg, bis uns das gelingt, besser gesagt geschenkt wird. Aber ich glaube daran und darf Annäherungen an jenes Ziel erleben. Bescheidenheit, Geduld und Mut werden uns hilfreiche Kräfte auf dem Weg sein. Auch darum dürfen wir im Gebet bitten.

Zum Schluß dieses Kapitels möchte ich noch auf zwei Haupthindernisse zu sprechen kommen, wenn es um Meditation und die Erfahrung von »Religio« überhaupt geht: Radio und Fernsehen. Die akustische und vor allem die optische Reizüberflutung haben wesentlich zu einer Verflachung unseres Bewußtseinsniveaus beigetragen. Ich bin geneigt, von regelrechter Verblödung zu sprechen: Blind und gierig wird alles Vorgesetzte konsumiert. Hauptsache Nervenkitzel und Suchtbefriedigung in vielfältigster Weise, so sieht doch das sogenannte "Kulturprogramm" heute überwiegend aus. Man hat Freude daran, wie einer den anderen hinterhältig umbringt, eine Frau vergewaltigt oder im Geld badet. Der Mensch sieht in die "Röhre" und nimmt gar nicht mehr in der Tiefe der eigenen Seele wahr, *was* er da sieht.

Es wird Unterhaltungsmusik gehört, die mehr als lärmende Geräuschkulisse denn als wirkliche Seelennahrung fungiert (hingegen hat die klassische Musik, da sie im Geistigen verwurzelt ist, eine erhebende und aufbauende Wirkung). Die meisten Menschen sind in diesem Sinne unterernährt. Sie zeigen ernstzunehmende Mangelerscheinungen: Neurotisch bis psychotisch oder hysterisch springen oder kriechen sie durch den Dauerstreß der Freizeit- und Unterhaltungsindustrie, nach dem Motto: Nur nicht zur Ruhe und zum Nachdenken kommen, denn die Begegnung mit sich selber könnte eine Katastrophe bewirken. Ganz richtig! Das Ergebnis käme (zunächst mal) einer Bankrotterklärung gleich: Fernsehsucht, Diskosucht, Alkoholsucht, Zigarettensucht, Sexsucht, Partysucht, Spielsucht, Arbeitssucht . . .

Wir leben, wie ich schon im Kapitel »Sucht im Zeichen der Suche« beschrieben habe, im Zeitalter der Sucht. Diese Suchtstrukturen bilden vielleicht sogar das größte Hindernis auf dem Weg zu einer wahrhaftigen Identitätsfindung und Spiritualität. Jede Sucht ist eine Flucht vor sich selber und beinhaltet paradoxerweise zugleich den verzweifelten Versuch der Suche nach sich selber. Den unerträglichen Zustand eigener Entwurzelung zu erahnen führt in den zerstörerischen Teufelskreis der Sucht.

Hier soll nur hervorgehoben werden, daß akustische und optische Reize Nahrung für die Seele darstellen, also verdaut werden müssen und zugleich Prägungen (Informationen!) in der Seele hinterlassen. Gerade dann, wenn wir in der Stille innere Freiräume betreten möchten, fließen diese Prägungen ständig in unser Blickfeld: der Kriminalfilm vom Vorabend, der Spielfilm vom Vormonat oder ein Film aus der Kinderzeit. Dreißig oder fünfzig Lebensjahre sind in dieser Hinsicht dauernd abrufbar und machen sich besonders in der Stille bemerkbar. Hätten wir damals den angeschauten Film wirklich bewußt gesehen und innerlich verarbeitet, wäre dieser Stoff heute kein Problem auf dem Weg in die Stille. Da aber so vieles - wenn nicht gar fast alles - in unserer Zeit mit halbem oder viertel Bewußtsein konsumiert wird, eben halbherzig nur "angebissen" wird und eine echte Auseinandersetzung mit den Phänomenen des Lebens nicht gründlich genug erfolgt, staut sich dies alles als

Gerümpel und Verdauungsschlacke in der Seele. Auf dem Weg nach innen bekommen wir dann die Rechnung in Form dieser störenden Bilder und Gedanken präsentiert. Diesen ganzen "Fernsehmist" im Gebet zu verwandeln, kostet Kraft und Zeit. Aber das intensive Gebet hilft, von diesen Störenfrieden freizuwerden - Gott sei Dank!

Wer nun um die Zusammenhänge akustischer und optischer Reize (Informationen!) weiß, der wird sich seine "Nahrung" wesentlich bewußter aussuchen und wird das, was er "ißt", auch besser "kauen und verdauen". Für mich taucht dann die Frage auf, ob mich das angepeilte "Kulturstück" irgendwie mit der Liebe und Weisheit Gottes verbindet beziehungsweise welchen inneren *Nährwert* es hat. Zeigt es mir den Weg zur Quelle, hilft es, Hindernisse besser zu erkennen und zu überwinden? Oder wird nur eine Schlammschlacht mit Sex und Horror veranstaltet? Und wenn ich mal unversehens in den "Schlamm" gerate, frage ich mich, ob ich da wirklich drinbleiben *will*. Ich kann mich frei entscheiden, *wenn* mir Alternativen bewußt sind (jeder Fernseher hat einen Knopf zum Ausschalten!).

Erkennen, Wollen und Handeln werden zu einer Bewegung, je bewußter ich geworden bin. Ein Beispiel mag das verdeutlichen: Ich komme zu Freunden, wo gerade Mord und Totschlag auf der Mattscheibe "ablaufen". Mir bereiten solche Bilder Schmerzen. Ich äußere frei heraus, wie ich mich fühle. Entweder die Freunde gehen auf meine Bitte ein (und nehmen meine alternative Empfindungsweise wahr oder zumindest ernst), oder ich verlasse den Ort der Brutalität (die ja die Atmosphäre und die Menschen erfüllt). Ich meine, ich diene der seelischen Entwicklung dieser Menschen nicht, wenn ich dieses Spiel von Mord und Totschlag stillschweigend runterschlucke und akzeptiere. Das hieße nämlich soviel wie "Ich finde das in Ordnung, macht nur so weiter!"

Es kostet Mut und Kraft, zu den eigenen Gefühlen und Werten, im tiefsten Sinne zur eigenen »Religio« zu stehen. Aber nur ein solches Bekenntnis kann, wenn es notwendig und passend ist, den anderen Menschen als Impuls zum Sich-in-Frage-Stellen dienen. Und genau das braucht der dahindämmernde Mensch: den Reiz und die Herausforderung der Alternative. Manche kommen so auf den (neuen) "Geschmack" und verlassen die bisherige "Geschmacklosigkeit". Dies meine ich nicht im Sinne des Missionierens, sondern im Sinne des Vorlebens und Überzeugens. In dieser Welt ohne Fernseher zu leben oder zumindest gelegentlich gezielt auswählen zu können, kann zu einer Herausforderung für die werden, die einen Fernseher haben und "nonstop" von morgens bis abends "bewegte Bilder" brauchen. Zu erleben, wie ein anderer Mensch »nah-sieht«, kann das »Fern-sehen« überflüssig und bedeutungslos werden lassen. Dann finden wir - in der Meditation - zur heiteren Gelassenheit und können auch alle "Fernseher" liebhaben.

Beten und arbe(i)ten

Wo mein Bewußtsein ist,
dorthin fließt meine Kraft,
und von dort werde ich empfangen.

Das bewußte Formulieren meiner innersten Sehnsucht ist Gebet. Wohin mich mein Herz auch immer ziehen mag - ob nun zu irgendwelchen irrtumsbeladenen Bildern und Vorstellungen und zu Dingen der äußeren Welt (Götzen) oder zum unfaßbaren Geist der Liebe (Gott) -, all dies sind Wege, die mich (auch über Um- und Irrwege) zu Gott führen wollen. Insofern betet jeder Mensch auf seine Weise, denn ein jeder hat seine persönlichen Sehnsüchte.

Es hat sich bis hin in die Geschäftswelt der Manager herumgesprochen, daß Gedanken sehr wirksame Kräfte sind und, ganz gezielt gesteuert, enorme Wirkungen tätigen. Besonders intensiv ist die Wirkung, wenn diese Gedanken von entsprechenden Gefühlen getragen werden. Die moderne Verkaufspsychologie nutzt die Magie des Wortes und Bildes und erhöht damit die Umsatzzahlen der kommerziellen Wirtschaft. So sind die Zielsetzungen beim Thema »Gedankenkraft« sehr verschieden und berühren ganz unterschiedliche Ebenen und Welten.

Wir wollen uns hier fragen, wie der bewußte Einsatz von Gedankenkräften aussehen kann, um das Seelen-Ich mit dem überbewußten, göttlichen Selbst immer stärker zu verbinden. Wiederum sind es insbesondere Gedankenkräfte in Form von Negativschablonen und -mustern, die sich als Hindernis auf dem Weg zum Selbst, zu unserer weisen Führung, wie ein Berg vor uns aufbauen. *Sie* gilt es zuerst wahrzunehmen, denn wir müssen wissen, wovon wir befreit

werden wollen beziehungsweise was verwandlungs- und erlösungsbedürftig ist. Die Frage Jesu »Was darf ich für dich
tun?« wird auch uns heute von IHM gestellt. Unseren freien
Willen kann und mag ER nicht manipulieren, da ER uns als
vollbewußtes, liebendes Du ersehnt. Wer nun im Nebel
richtungslos umherirrt, der darf seinem Verlangen nach
Klarheit mit vielleicht folgenden Worten Ausdruck ver-
leihen:

*»Jesus Christus, bitte führe DU mich und zeige mir,
wie ich meine jetzige Situation verstehen soll. Bitte öffne
meine Augen für DEINE allgegenwärtige Liebe und befreie
mich bitte von allen Spaltungen und Trennungen meines
Bewußtseins, auf daß ich erkenne und empfinde DEINE
Liebe in ALLEM!«*

Es liegt in der Natur des Seelen-Ichs, ständig nach
Sicherheiten zu suchen, solange es die Verbindung zum
göttlichen Selbst noch nicht bewußt verwirklicht hat. Diese
Sicherheiten, Normen und Maßstäbe bis hin zu irdischen
Absicherungen (Bankkonto, Versicherungen etc.) bergen in
sich den Doppelaspekt der Schutzburg und des Gefängnisses. Jeder ichhafte "Gartenzaun" wird, wenn er nicht mit-
wächst, also immer wieder in Frage gestellt und ausgeweitet
wird, irgendwann zu einem Gefängnis. Die Seele leidet
dann buchstäblich unter Platzangst und Verfolgungswahn
(denn je mehr man sich eingemauert hat, desto stärker empfindet man rein subjektiv die Außenstehenden als Feinde).
Insofern taucht im Gebet die Frage auf:

*»Jesus Christus, bitte zeige mir die Denkmuster, die
mich unfrei machen und die mich von DIR, der vollkommenen Liebe, trennen!«*

Woher kommen solche irrtumsbeladenen Denkmuster?
Sie entspringen der Sehnsucht nach Sicherheit und Wohl-
befinden und werden als Hilfsmittel benutzt, um der
Konfrontation mit dem eigenen Schattenanteil - den neun
Irrtümern der Seele - auszuweichen. Dieses ständige

Ausweichen und Nicht-wahr-haben-Wollen führt immer in suchthafte Nothandlungen (Kaffee-, Nikotin-, Alkohol-, Freß-, Zucker-, Fernseh-, Spiel-, Arbeits-, Reise-, Abenteuer-, Beziehungs-, Herrsch-, Rechthaberei- und Klatsch- und Tratschsucht, um nur einige zu nennen).

Schauen wir uns einige Denkschablonen, die sich oft auch in frommen Programmen (Idealen) verstecken und dann die Rolle bilden, die wir spielen wollen, genauer an:

1. Das **Wohltäter-Programm** besagt so viel wie: "Ich bin der gute Helfer für die notleidende Menschheit, ich weiß genau, was euch allen gut tut und werde es euch geben." (Und sei es auch mit subtiler Gewalt! - der sog. »Überzeugungstäter«.) Mit Missionseifer geht der Mensch hier in den Kampf gegen Not und Teufel, ohne dabei die eigenen Kräfte (Grenzen) zu schonen. »Vergewohltätigung« empfinden dabei oft die Opfer solcher Helfer. Wir kennen dieses krankhafte Helfenmüssen um jeden Preis heute unter dem Begriff des »Helfersyndroms«. Meist sind es Menschen in den sogenannten Helferberufen wie Arzt, Psychotherapeut, Heilpraktiker, Krankenschwester und Pastor. Vor uns steht der "hilflose Helfer", der, wenn er Stille und Nichtstun aushalten müßte, mit den eigenen Seelenschmerzen konfrontiert würde. Die Helfer- oder Arbeitssucht aber überdeckt ständig alle Gefühle der Unstimmigkeit. Das zwanghafte Gut-sein-Wollen und "der Kampf mit der Finsternis" verschärfen den spannungsgeladenen eigenen Konflikt.

Schuldgefühle - ob nun aufgrund eines eigenen Verschuldens oder durch zum Beispiel religiöse Vorschriften induziert - können auch der Motor des zwanghaften Helfens sein. Ich könnte mir vorstellen, daß beim enormen Missionseinsatz des Paulus Schuldgefühle gegenüber seinen ehemaligen Opfern mit eine Rolle gespielt haben, was sein für Christus Entbranntsein keinesfalls schmälern soll.

In der Partnerschaft suchen sich solche "Helfer" oft jemanden, der in Not geraten ist und irgendwie Hilfe braucht. Sei es ein Süchtiger oder Depressiver, schnell reagiert der helfende Retter auf solche Notleidenden. In dem Buch »Wenn Frauen zu sehr lieben« ist diese Beziehungsproblematik eingehend beschrieben worden. Schwierig wird solch eine Partnerschaft nämlich in dem Moment, wenn der Notleidende tatsächlich auf den Weg der Heilung kommt und seine "Kleinkind-Rolle" verläßt. Der Helfer reagiert dann mit Unverständnis und Aggressivität, denn er (sie) fühlt sich nicht mehr benötigt, da die Grundvereinbarung der Beziehung das Helfen war. In diesem Stadium bräuchte der Helfer dringend Hilfe, um zu einem neuen Selbst- und Partnerschaftsverständnis zu kommen.

2. Beim **Märtyrerprogramm** sieht sich der betroffene Mensch immer in der Rolle des Opfers. Er leidet ohne eigenes Verschulden - wie er meint, um der anderen willen. Man nimmt alle Müh und Not auf sich, damit ein anderer es "besser" habe, das Seelenheil erlange und den Weg zu Gott finde. Der Märtyrer will leiden. Er braucht offenbar ständig Leidensdruck, um sich lebendig und existenzberechtigt zu fühlen. Das Thema »Leiden« wird so sehr verherrlicht, daß auf den persönlichen Karfreitag kein Ostern mehr folgt. Das ergänzende Thema der Auferstehung, das Verwandeltsein, ist im Bewußtsein nicht vorhanden oder es wird ins Jenseits verlegt. Diese Denk- und Fühlschablone ist über Jahrhunderte von der Kirche geradezu kultiviert worden. Die Gläubigen wurden überwiegend mit Negativthemen konfrontiert: satanische Versuchung, Leiden, Sterben, Tod und ewige Höllenqual. So entwickelte sich ein Bewußtsein der Angst und Ohnmacht. Der andere Pol, die Überwindung des Leides, der - in uns! - siegreiche und Freude erzeugende Christus, geriet zunehmend in unerreichbare Ferne und damit in Vergessenheit. Einige kirchliche Randgruppen

haben diese ungelebte Seite aufgegriffen und sind ins andere Extrem gegangen: Es wird nur noch mit erhobenen Armen ekstatisch Halleluja gesungen und die Seite der Erlösung betont. Hier fehlt dann wiederum der Bezug zur eigenen, noch oft irrtumsbeladenen Existenz. Die Krise solcher superpositiven Christen kommt spätestens dann, wenn ihr eigener Schatten sie eingeholt hat und sie sich selber doch nicht so ganz erlöst fühlen.

Noch eine Anmerkung zur Leidensthematik: Natürlich ist mir das Phänomen der »Leidübernahme« bekannt, indem ein Mensch etwas vom Leid seines Nachbarn oder sogar alles erbittet, damit dieser wieder besser leben kann. Nur stellen sich mir dabei heute folgende Fragen: Aus welchem Motiv tut dies der Leid-Erbittende, vielleicht sind es Schuldgefühle? Bewirkt nicht jedes Leid einen für die Seele *not-wendigen* Lernprozeß? Sollte und kann man überhaupt solche Lernprozesse "abnehmen", d.h. nimmt man dem Lernenden dann nicht auch die Frucht seines Lernthemas? Nur was sich der einzelne mühsam und ehrlich erarbeitet, also selber gefunden hat, das gehört ihm. Natürlich sind dabei therapeutische Hilfen sinnvoll und notwendig.

3. Eng verbunden mit dieser Thematik ist das Denkmuster des **Gott-Teufel-Dualismus** (Schwarz-weiß- oder Gut-böse-Dualismus). Hierbei wird Luzifer vom menschlichen, polaren Denken neben beziehungsweise außerhalb von Gott gesehen. Die Tatsache, daß Gott Einheit, also immer das Ganze ist und alle existierenden Teile hervorgebracht hat, wird nicht wahrgenommen. Gott kämpft nicht mit dem Teufel, höchstens kämpft der Teufel mit Gott - genauer mit einem Etwas, das er nicht begreifen kann. Die Einheit, die Wahrheit oder das Licht der Liebe kann nur *sein* und nie mit etwas kämpfen (höchstens es lieben!). Kampf aber ist immer Ausdruck des Gespaltenseins, der polar wahrgenommenen Welt (Ich-Bildung und Du-Wahr-

nehmung). Die ichhafte Abspaltung Luzifers, sein Hochmut und Trotz, genau das schafft den Gott-Teufel-Dualismus (Gott-ich-Dualismus) im eigenen Denken und Empfinden. Das ist unser luziferisches Erbe, die sogenannte Erbsünde seit dem Falle Adams und Evas. Die Einheit kann der scheinbaren (weil eben nur in der Vorstellung des begrenzten Bewußtseins existierenden) Polarität ruhig und gelassen begegnen. Sie ist und bleibt mehr als all die (scheinbaren) Teile: eben das Ganze!

Beim Gott-Teufel- oder Gut-böse-Dualismus identifiziert sich der Mensch mit dem Guten: Er spielt den Streiter für Gott und zieht in den Kampf gegen das - natürlich außerhalb von ihm stehende - Böse. Die an sich notwendige innere Konfrontation mit Luzifer wird nach außen verlegt: Der böse Feind, das sind immer die anderen. Wenn diese Haltung extreme Formen annimmt, haben wir es mit dem

4. **Elite-Programm** oder Auserwähltheitswahn zu tun. Ob man nun das Dritte Reich oder religiöse Bewegungen betrachtet, die Grundstrukturen ähneln sich sehr (siehe das Kapitel »Individuum und Gruppe - Zur Frage geistiger Autorität«!). Wer meint, etwas Besonderes sein und sich von anderen distanzieren zu müssen, der lebt dies meist auf Kosten seiner Mitmenschen. Die Bildung von Idealen setzt in der Regel eine Teilung in Gut und Böse voraus. Ein paar Auserwählte können Idealbilder mehr oder weniger erfüllen und heben sich von denen, die es nicht schaffen, deutlich ab. Das erzeugt ein enormes Spannungsfeld, denn wer möchte schon weniger wert sein als sein Nachbar. Wie wenig dies mit Liebe zu tun hat, die eben nicht wertet, sondern "nur" ist, dürfte offensichtlich sein. Ob ein Mensch zum Beispiel das in irgendwelchen Köpfen entstandene Keuschheitsideal erfüllt oder nicht, ist für die Frage der Erleuchtung (der Fähigkeit, als Kanal für die bedingungslose Liebe zu wirken) ohne Bedeutung. Idealbilder sind

eben auch nur Bilder. Was letztlich Vollkommenheit ist, das darf jeder in der *Bewegung* des tiefsten (höchsten) *Seins* erfahren, indem er sich von diesem Sein *anrühren* und *bewegen* läßt. Definieren kann man das nicht, weil Worte immer nur einen Schatten des Seins bilden.

5. Das **Minderwertigkeitsprogramm** ("Ich bin in allem der Kleinste!") ist als die andere Seite zum entgegengesetzten Stolz ("Ich bin immer der Größte") sehr oft anzutreffen. Beide Extreme haben mit der gesunden Mitte, dem echten Selbstwertgefühl ("Ich kenne meine Stärken und Qualitäten, bin mir aber auch meiner Schwachpunkte bewußt") nichts zu tun. Die Vermutung liegt nahe, daß der "gestürzte" Stolz in ein Minderwertigkeitsgefühl umschlägt. Entweder, das Minderwertigkeitsgefühl wird durch äußere Höchstleistungen kompensiert, um von anderen anerkannt und geliebt zu werden, oder man will in der "frommen Variante" fast zwanghaft immer ganz unten als Letzter dastehen. Die religiöse Kultivierung führt zur falschen Demut, die sich bei näherem Hinsehen als scheinheilig erweist. Grundsätzlich lautet die Aufgabe, sich des verletzten, heimlichen Stolzes - der *Hybris* im umfassenden Sinne - bewußt zu werden und zu lernen, sich in seinem Sosein anzunehmen. Ich denke, es handelt sich dabei um eine typisch menschliche Problematik, die uns alle betrifft oder mal betroffen hat.

Das Minderwertigkeitsgefühl produziert entsprechende Gedankenschablonen: "Das schaffe ich nicht; das wird mir nie gelingen; ich habe nun mal zwei linke Hände . . .!"

6. Beim **Selbstbestrafungsprogramm** liegt eine unversöhnliche Haltung gegenüber der eigenen Person vor. Ich kann mir im Hinblick auf irgendeinen gemachten Fehler oder eine Charakterschwäche nicht vergeben (versteckter Stolz!) und spalte mich in Eltern-Ich und Kind-Ich, die mit-

einander im Streit liegen. Das Eltern-Ich verordnet dem Kind-Ich irgendwelche Strafen (oft in Form von Versagungen: "Du darfst heute kein Eis essen oder dir eine bestimmte Freude nicht gönnen . . ."). Eine gewisse Parallele zur Bußübung und damit auch zum Märtyrertum ist unverkennbar (hohe Idealforderungen). Das Schuldig- oder Ungehorsamsein bildet immer den Impuls für die Selbstverurteilung, denn ich entspreche den zu erfüllenden Normen nicht. Im Aufarbeitungsprozeß des Selbstbestrafungsprogramms taucht die Frage auf, *was* genau ich von mir nicht annehmen kann und inwieweit die zugrundegelegten Maßstäbe relevant und insbesondere barmherzig sind. Vielleicht darf ich alttestamentliche Gesetzesstrukturen in mir erkennen und endlich überwinden. Der strenge Gesetzesaspekt zeigt sich zum Beispiel auch in einer Verhandlungshaltung Gott gegenüber. Das Seelen-Ich verhandelt dann mit dem persönlichen *Gottesbild* ("Wenn ich jetzt noch 500 Mark spende, dann wirst DU mir auch jene Schuld erlassen!?").

Ich habe versucht, einige Denkschablonen darzustellen. Natürlich gibt es noch andere, und es bleibt immer dem einzelnen überlassen, seine persönlichen Denkmuster herauszufinden. Den "Gartenzaun" oder die "Gefängnismauern" unter die Lupe zu nehmen, nach begrenzenden, in die Unfreiheit führenden Gedanken und Gefühlen zu suchen, dies ist ein Thema des Gebets, der Stille und des Gesprächs mit einer Vertrauensperson. Es muß uns der "innere Knoten" erst bewußt geworden sein, ehe wir Jesus Christus darum bitten können, ihn zu lösen und uns etwas Neues, nämlich die aus dieser (Er-)Lösung hervorgehende Frucht, zu schenken. ER wird uns etwas Inneres geben, so daß wir ein Stück verwandelt, freier und freudiger aus diesem Erforschungsprozeß heraustreten. Wie betete David doch so treffend:

Erforsche mich, Gott, und erkenne mein Herz;
prüfe mich und erkenne, wie ich`s meine.
Und siehe, ob ich auf bösem Wege bin,
und leite mich auf ewigem Wege.

(139. Psalm, 23 + 24)

Das Wort »böse« möchte ich dem Begriff "getäuscht sein" gleichsetzen. Ich glaube, daß die wenigsten Lieblosigkeiten aus einem hohen Bewußtsein heraus, sondern vielmehr aus dem Zutand des Irrtums und des Unwissens um die geistigen Dinge getan werden. Wer weise (Liebender) ist, der kann nur weise und liebevoll handeln. Mißbrauchte er seine Kräfte, würde er sich nur schädigen und zerstören. Der Schwarzmagier weiß um die Kräfte, aber ihm fehlt das Bewußtsein der Liebe.

Wenn uns klar geworden ist, was wir Jesus Christus übergeben wollen (loslassen), dann sollten wir dies deutlich als einen Akt unseres freien Willens im Gebet formulieren, denn ER nimmt jedes unserer Worte ernst.

»Jesus Christus, bitte befreie mich von meinem zwanghaften Helfenmüssen und schenke mir ein neues Verständnis echter Hilfeleistung, die aus DEINEM Geiste entspringt!«

»Jesus Christus, bitte befreie mich von meiner Märtyrerrolle, mit der ich nur die Bewunderung und das Mitleid der anderen auf mich ziehen möchte. Führe DU mich in die tiefere Bedeutung DEINER Kreuzigung und DEINER Auferstehung hinein und laß mich den Bezug dieser Ereignisse zu meinem Leben entdecken!«

*»Jesus Christus, bitte befreie mich von meinem Schwarz-weiß-Denken und zeige mir, daß **alles** DEINER Liebe dient und DU alles in DEINER Hand hältst. Ich übergebe DIR mein Be- und Verurteilenmüssen und erbitte DEINE Liebe für alles, was ist, auf daß das Unerlöste verwandelt werde!«*

»Jesus Christus, bitte befreie mich von meinen Überle-
genheitsgefühlen und schenke mir ein geschwisterliches
Einfühlungsvermögen gegenüber allen Menschen!<
    »Jesus Christus, bitte befreie mich von meinen
Minderwertigkeitsgefühlen und allem versteckten Stolz und
schenke mir bitte ein gesundes Selbstwertgefühl als ein
Kind DEINER Liebe!«
    »Jesus Christus, bitte befreie mich von allen Formen
der Verurteilung meiner und anderer. Ich brauche nicht
mein eigener Richter zu sein und übergebe DIR diese recht-
haberische Einstellung. Bitte schenke mir vergebende Liebe
für den Nächsten und mich!«

Um eine wichtige Grundvoraussetzung für diesen Ge-
betsweg, den notwendigen Mut für die Konfrontation mit
sich selber, dürfen wir auch bitten:
    »Jesus Christus, schenke mir bitte den Mut, mich zu
sehen, wie ich bin! Und schenke mir bitte eine Ahnung von
dem, wie DU mich als Vollkommenen gemeint hast!

Bei körperlichen Leiden empfehle ich das meditative
Heilungsgebet. Wir dürfen Jesus um Heilung bitten, und ER
wird diese Bitte in dem Maße auch ernst nehmen, wie wir
uns in das geistige Lebensgesetz von »Liebe empfangen
und geben« hineinstellen wollen. Liebe kann und will
immer nur fließen, und durch Empfangen und Geben und
wieder neues Empfangen und Geben wird aus dieser Liebe
ständig mehr. Sie ist die gewaltigste und zugleich zarteste
Kraft im Universum, ja sie ist alles, was ist - Leben. Beim
Heilungsgebet begeben wir uns gedanklich über das laut
oder gedacht gesprochene, liebebejahende Wort und zugleich gefühlsmäßig in diesen Kraftstrom der vollkommenen Liebe Jesu Christi.
    Der erste Teil bezieht sich immer auf die körperliche
Ebene, der zweite Teil ("und DU schenkst mir /hilfst mir /

führst mich") auf die seelische Ebene und versucht einen psychischen Schwerpunkt der betreffenden Körperproblematik herauszustellen. Dies schließt nicht aus, daß es noch andere, abweichende Deutungen der jeweiligen Erkrankung gibt. Auf die entsprechende Literatur habe ich im Anhang verwiesen.

Der letzte Satz lautet immer "(Magen, Herz etc.) *empfängt und gibt Liebe.*" Die Reihenfolge von Empfangen und Geben (und nicht umgekehrt!) ist bewußt gewählt. Wir müssen *zuerst* in die Mitte kommen - *zuerst* nach dem Reiche Gottes, SEINER heilenden Liebe trachten - und dann, wenn wir empfangen haben und gestärkt worden sind, davon an andere weitergeben. Ein ausgelaugter und verwirrter Mensch kann nichts Inneres mehr geben, da er so gut wie nichts mehr hat. Er muß zunächst zur Quelle, also in die Stille der Meditation (seiner göttlichen Mitte) gehen, um dort neu zu empfangen. Denn nur aus dieser Mitte empfangen wir Klarheit, Ruhe, Gelassenheit und Heiterkeit - eben EIN-KLANG mit ALLEM.

Ein paar Beispiele mögen das Grundprinzip des Gesagten verdeutlichen.

»Jesus Christus, DU schenkst mir ein klares Sehen meiner **Augen** und läßt mich liebevoll sehen, was ich bisher in meinem Leben nicht betrachten wollte. Meine Augen empfangen und geben Liebe.«

»Jesus Christus, DU schenkst mir eine neue, schöne, zarte **Haut** und läßt mich meine Berührungsängste in der Begegnung mit dem Nächsten überwinden. Meine Haut empfängt und gibt Liebe.«

»Jesus Christus, DU schenkst mir neue Bewegungskraft in den **Gelenken** und hilfst mir, mutig neue Wege zu gehen. Meine Gelenke empfangen und geben Liebe.«

»Jesus Christus, DU schenkst mir ein kraftvolles **Herz,** das mit seinen Gefühlen zu mir sprechen soll und bedingungslos liebt. Mein Herz empfängt und gibt Liebe.«

»Jesus Christus, DU hilfst meinen **Nieren** bei der Reinigung meines Blutes und lehrst mich, meinen Willen im Hinblick auf den Nächsten weise und liebevoll zu gebrauchen, auf daß ich klare Entscheidungen treffe. Meine Nieren empfangen und geben Liebe.«

»Jesus Christus, DU schenkst meiner **Leber** die Kraft, aus allen Stoffen das Beste zu machen und hilfst mir, mit allen Veränderungen in meinem Leben sinn- und liebevoll umzugehen. Meine Leber empfängt und gibt Liebe.«

»Jesus Christus, DU hilfst meiner **Lunge**, in harmonischer Weise Lebenskraft zu empfangen und alte, verbrauchte Inhalte wieder loszulassen. Ich empfange wie meine Lunge liebevolles Leben und bin bereit, Liebe zu geben.«

Bei zu hohem oder zu niedrigem Blutdruck:

»Jesus Christus, DU schenkst mir einen dem Leben angemessenen **Blutdruck**, so daß ich meinen Aufgaben mit Freude, Mut und heiterer Gelassenheit begegnen kann. Herz und Kreislauf empfangen und geben Liebe.«

Bei Knochenbrüchen und Osteoporose:

»Jesus Christus, DU gibst meinen **Knochen** Stabilität und hilfst mir, zu meinen Erfahrungen (der Vergangenheit) stehen zu können. Meine Knochen empfangen und geben Liebe.«

Gerade in der Bewußtwerdung der momentanen Unzulänglichkeit und Schwäche kann und soll eine Ahnung von der Vollkommenheit, der Stärke und Schöpfermacht in uns aufleuchten, die das ewige Wesen Gottes in uns offenbaren möchte. Wir sollen das (noch) Unsichtbare sehen und das Unhörbare hören, denn der, der in uns verborgen wohnt, kennt keine Grenzen. Wenn sich uns ein Mensch in seiner Schwäche und Not ehrlich offenbart, können wir Stärke spüren. Denn in dieser Offenbarung seiner Wunden liegt der Same echter Gottbegegnung. Da ist keine Fassade mehr, keine gespielte Rolle, die alles verfremdet, sondern es

erscheint der Mensch an der Schwelle echter Selbsterkenntnis. So brauchen wir den nüchternen Blick für das, was ist,
und wir brauchen die innere Glaubensvision im Hinblick
auf das, was Gott an Vollkommenheit und Schönheit in uns
hineingelegt hat. *Beides* ist notwendig.

Vom Beten zum Arbe(i)ten, ein nächster Schritt:
die Fürbitte.

Wenn ich, ehrlich gesagt, nicht weiß, was für den
Nächsten gut ist und welche Erfahrungen er jetzt dringend
auf seinem Wege braucht, dann kann ich ihn einfach nur
immer wieder in das behütende Licht der Liebe Gottes
stellen, ihn SEINER Hand anvertrauen:

*»Jesus Christus, ich stelle (Name der Person) in das
Licht DEINER Liebe. DU führst ihn/sie wunderbar auf dem
Weg in DEIN Reich!«*

Taucht während der Tagesarbeit oder in der Meditation ein Mensch in mir bildhaft oder mit Namen auf, so ist
dies für mich ein Anlaß, ihn in das Licht der Liebe Jesu zu
stellen und zu segnen. "Kommt" derselbe Mensch des öfte-
ren, frage ich in der Stille nach, was mit ihm los ist oder wie
es ihm geht und vollziehe diesen Schritt - wenn ich den
Impuls dazu habe - auch im Äußeren, indem ich ihm
schreibe, ihn anrufe oder besuche. Wenn wir auf dem Weg
zur eigenen Mitte immer feinfühliger werden, können wir
ziemlich genau den körperlich-seelischen Zustand eines
Menschen in der Ferne gedanklich und gefühlsmäßig erfassen.

Beim Gebet in Verbindung mit Handauflegen bitte ich
Jesus Christus um SEINE heilende Liebe, auf daß die Seele
des Kranken mit ihrem überbewußten, göttlichen Selbst -
Christus in ihr - verbunden werde und von dort Weisung
und Heilung empfange. Der Heilungsauftrag Jesu ist leider
in den großen Kirchen fast völlig in Vergessenheit geraten.

Daß das Heilen nur den sogenannten Heilerberufen vorbehalten ist und der Priester damit eigentlich nichts mehr zu tun haben darf, zeigt, wie weit wir uns von den Wurzeln echter Heilung und umfassenden Heils entfernt haben.

Wenn mein Arbeiten zum Ar-be(i)ten geworden ist, handle ich aus meiner Mitte heraus. Dies heißt zum Beispiel, den Augenblick in seiner Qualität erspüren zu können. Wann kann ich mit größter Leichtigkeit und Freude eine bestimmte Arbeit verrichten? Wenn mir die Freiheit der zeitlichen Arbeitseinteilung gegeben ist, sollte diese Frage immer wieder von neuem auftauchen. Weiterhin die Frage, mit welcher (gebetsmäßigen) Haltung ich eine Arbeit geistig durchdringe und verrichte. Zielt mein Tun bewußt auf ein Du ab, dem dieser Einsatz zugute kommt? Tue ich etwas für jemanden, so fließt mir die notwendige Energie leichter und intensiver zu. Warum schreibe ich zum Beispiel dieses Buch, was ja mit einigem Arbeits- und Finanzaufwand verbunden ist? Es gibt mehrere Gründe: Ich habe *Freude* daran, meine Erfahrungen und Lernprozesse anderen mitzuteilen. Ich sehe Menschen, die ähnliche Probleme bearbeiten und möchte ihnen ein paar nützliche *Werkzeuge* zur Lösung in die Hand geben. In mir ist die *Sehnsucht*, daß wir uns alle einmal ganz frei und liebevoll begegnen können. Dazu möchte ich einen Beitrag leisten.

Wunderbar wäre es, wenn wir Arbeit als einen ständigen Lernprozeß für unsere Bewußtseinsentwicklung begreifen könnten. Arbeit dient immer dem inneren Wachstum, ob uns dies bewußt ist oder nicht. Meist haben wir es in irgendeiner Weise mit Menschen zu tun und müssen uns laufend entscheiden, wie wir mit ihnen umgehen wollen. Das »Liebe deinen Nächsten wie dich selbst« kann im Prozeß der Arbeit zur großen Herausforderung für uns werden. Mir ist dabei klar, wie schwierig es für viele Menschen geworden ist, im harten Arbeitskampf der modernen Welt menschlich zu bleiben und das Du nicht aus den Augen zu verlieren. Wie wenig uns der zwischenmenschliche Bereich finanziell und im Sinne der vollen Stellenbesetzung wert ist, zeigt sich im Krankenpflege- und Erzieherwesen. Die chronische Unterbesetzung und Unterbezahlung sprechen für sich.

Um so wichtiger wird für den Hilfesuchenden das Gebet und die Meditation. Beides sollte in den Arbeitsvorgang miteinfließen, um Arbeit wieder sinn- und freudevoll zu erfahren. Arbeit wird erst sinnvoll, wenn sie Menschen miteinander verbindet und zu einem energetischen, liebevollen Austausch führt. Jeder stellt dabei seine individuellen Fähigkeiten in den Dienst anderer. Der einzelne wird gefordert sein, Initiativen zu entwickeln und ganz neue, ungewohnte Arbeitswege zu gehen, wenn er sich nicht von anderen verplanen lassen will.

Noch einmal zurück zum Gebet. Das Lob- und Dankgebet setzt besonders intensive Kräfte frei und baut uns aus unserer Mitte heraus neu auf. Bei David, dem Mann der schicksalsvollen Höhen und Tiefen, finden wir eines der schönsten Gebete. Es drückt seine innige Gottesliebe, die Liebe zum Unfaßbaren, ewig Seienden, aus (139. Ps.,1-14):

HERR, DU erforschest mich und kennst mich.
Ich sitze oder stehe auf, so weißt DU es;
DU verstehst meine Gedanken von ferne.

Ich gehe oder liege, so bist DU um mich
und siehst alle meine Wege.

Denn siehe, es ist kein Wort auf meiner Zunge,
das DU, HERR, nicht schon wüßtest.

Von allen Seiten umgibst DU mich
und hälst DEINE Hand über mir.

Diese Erkenntnis ist mir zu wunderbar und zu hoch,
ich kann sie nicht begreifen.

Wohin soll ich gehen vor DEINEM Geist,
und wohin soll ich fliehen vor DEINEM Angesicht?

Führe ich gen Himmel, so bist DU da;
bettete ich mich bei den Toten,
siehe, so bist DU auch da.

Nähme ich Flügel der Morgenröte
und bliebe am äußersten Meer,
so würde auch dort DEINE Hand mich führen
und DEINE Rechte mich halten.

Spräche ich: Finsternis möge mich decken
und Nacht statt Licht um mich sein,
so wäre auch Finsternis nicht finster bei DIR,
und die Nacht leuchtete wie der Tag.

Finsternis ist wie das Licht.

Denn DU hast meine Nieren bereitet
und hast mich gebildet im Mutterleibe.

Ich danke DIR dafür,
daß ich wunderbar gemacht bin;
wunderbar sind DEINE Werke;
das erkennt meine Seele.

Die Basis der Meditation: ein lebendiger Leib

Wenn manche Menschen genausoviel Energie für die Pflege ihres Körpers wie für die Pflege ihres Automobils aufbrächten, wäre schon ein gutes Stück Gesundheit gewonnen. Natürlich, der Körper ist nicht alles. Aber er bildet nun mal die irdische Grundlage für Seele und Geist. Und wenn diese Basis verkommt, setzt eine sich auf die Seele auswirkende Rückvergiftung ein, denn wer nur Gifte sprich Stoffwechselschlacken mit sich herumschleppt, der denkt und fühlt irgendwann auch Gift und Dreck. Der alarmierende Alle-zwei-bis-fünf-Tage-Stuhlgang zeigt nur zu deutlich, wie sehr die Fließ- und damit Lebensprozesse ins Stocken geraten sind (und beim Durchschnittsbürger ist das heute fast schon "normal"!).

Mit den fünf Säulen der Naturheilkunde - **Licht, Luft, Wasser, Ernährung und Bewegung** - ist aber manchem Übel schnell beizukommen, und so wollen wir uns diese schlichten und natürlichen Schritte im Sinne kurzgefaßter Empfehlungen anschauen (mein Kollege Klaus-Dieter Nassall ist in seinem *Therapiebuch* genauer darauf eingegangen).

1. Das Licht der Sonne bildet die Grundlage für alle Lebensprozesse hier auf Erden und ist direkter Ausdruck der Liebe Gottes. Mit einer Haltung der Dankbarkeit dieses Licht zu empfangen, führt zu sehr feinen, intensiven Reinigungs- und Heilungsprozessen im Körper. Auch die Seele nimmt, besonders über die Augen, Licht in sich auf. Die Sonnenbrillenindustrie blüht nur aufgrund der allgemeinen depressiven Stimmungslage: Man schottet sich gegen die hellen Liebesstrahlen ab. Das "Braten in der Sonne, um braun zu werden . . ." ist alles andere als gesund. Zunehmender Hautkrebs sollte uns klarmachen, daß wir mit einem egoistischen Bewußtsein ("Ich will Sonne für mich!") der Sonne nicht mehr unbeschadet begegnen können. Das Licht sollte uns vielmehr in aller Demut mit dem Ganzen, dem Wesen Gottes verbinden und uns zu Überbringern SEINER Liebe machen.

2. Die Luft wird als gasförmige Nahrung in ihrer Bedeutung immer noch zu wenig gewürdigt. Über die Atmung wird der lebensnotwendige Sauerstoff aufgenommen und Kohlendioxyd ausgeschieden. Die Körperzellen leben von diesem rhythmischen Austausch, über den wir direkt mit dem göttlichen Lebensstrom verbunden sind. Die Zwerchfellatmung, besonders eine vertiefte Ausatmung, führt zu einem optimalen Gasaustausch. Beim heutigen Menschen ohne Zwerchfellatmung wird der Sauerstoff meist erst unter Belastung (z.B. Dauerlauf) gut aufgenommen.

Die seelische Haltung des Ein- und Ausatmens ist auch hier von großer Bedeutung. Wollen wir nur gierig für uns Luft holen (oder "schnappen"), um sie am liebsten nicht mehr herzugeben (bis hin zum Asthma), oder möchten wir uns dem Rhythmus von Nehmen und Geben anvertrauen und zu beiden Schritten bewußt »ja!« sagen?

Auch die Haut möchte gern atmen. Wir sollten dies durch eine entsprechend atmungsaktive und hautfreundliche Kleidung unterstützen. Naturstoffe wie Schaf- und Baumwolle sollten allen Kunstfaserstoffen vorgezogen werden. Synthetische Stoffe führen fast immer zu einem Wärmestau und wirken wie ein Sarg. Schwitzen fördert die Hautatmung bzw. Körperentgiftung - aktives Schwitzen (Arbeit, Sport) ist wirksamer als passives (Sauna).

3. Das Wasser bildet das entscheidende Lebenselement hier auf Erden. Der Mensch besteht zu ca. 60 % aus Wasser und, wie mein Kollege Nassall treffend schreibt, nicht zu 60% aus Bier, Wein, Limo, Cola oder Kaffee. Den meisten Menschen ist das Gefühl für das Wasser, das "Blut der Erde", verlorengegangen. Nur wenige wissen ein gutes, energiereiches Quellwasser, das zum Beispiel 10 Jahre lang ohne chemische Zusätze lagerfähig ist, zu schätzen. Grundsätzlich wird heutzutage wohl zu wenig Flüssigkeit getrunken. Eineinhalb bis drei Liter sollten je nach persönlichem Bedürfnis getrunken werden, denn ohne Wasser können besonders die Nieren ihre entgiftende Funktion nicht erfüllen. Kräutertees vermögen die Organfunktionen zusätzlich anzuregen, weil meist die Tendenz zur Erschlaffung und Lähmung bis hin zur Funktionsaufgabe heute überwiegt. Das Überangebot und das ständige Durcheinanderessen und -trinken überfordert auf Dauer Körper und Seele und macht uns unfähig, klar und ehrlich die Reize und Informationen der Umwelt wahrzunehmen.

Für empfehlenswert halte ich Quellwasser (ohne Kohlensäure und mit niedrigen Natrium- und Chloridwerten!), Gemüsesäfte (1:1 mit Wasser verdünnt), Fruchtsäfte in Maßen (z.B. Apfel, Ananas), Kräutertees (Nieren-, Leber-, Nerventee etc.; immer mal wieder die Sorte wechseln!), grüner Matetee, Carobpulver als Kakaoersatz, Kakaoschalentee und Massaitee. Alle Getränke sollten als *flüssige Nahrung* betrachtet und entsprechend langsam getrunken werden.

Meiden oder als Ausnahme: Kaffee (Nervengift und Säurebildner!), Schwarztee, Kakaofertiggetränke (meist 60% Industriezucker!), Limonaden (Zucker und Farbstoffe!), hochprozentige Alkoholika (Leberbelastung!).

4. Die Ernährung könnte mit sehr einfachen Grundmaßnahmen um ein Vielfaches verbessert, nämlich lebensfördernder gestaltet werden. Die deutsche Hausmannskost mit Schweinefleisch und hohem Fett-, Salz- und Zuckergehalt treibt die Zahl der Rheuma-, Leber-, Bauch-speicheldrüsen- und Herzkranken (um nur einige zu nennen) zunehmend in die Höhe. Bis zu einem gewissen Grad hat der Satz »Man ist, was man ißt« eben doch seine Bedeutung, denn wer hat seelisch-geistig schon einen so hohen Entwicklungsstand erreicht, daß er Gift essen und über Schlangen und Skorpione gehen könnte, ohne Schaden zu nehmen?! Ich will hier nicht in die Diskussion der Tier-schlachtung kontra Vegetarismus eintreten, denn letztlich haben wir nun mal nicht alle die gleichen Bedürfnisse, wie das Idealisten manchmal gerne sehen würden. Wer ein Ver-langen nach Fleisch verspürt, der soll und darf dem nach-geben. Das Seelenheil hängt meines Erachtens von solchen Fragen nicht ab. Nur sollten wir Schweinefleisch absolut meiden, da es den Leib und auch die Seele verunreinigt (entsprechende Studien wurden nach dem II. Weltkrieg an Testpersonen durchgeführt). Auch die berühmten »Innere-en« sowie alles, was unter den Begriff »Wurst« fällt, sollte gemieden werden. Die meisten Fleischprodukte stammen heute von kranken, nicht artgerecht gehaltenen Tieren (Massentierhaltung, Chemie-Antibiotika-Fütterung). Am ehesten kann man Lamm und Fisch (Forelle) empfehlen.

Daß ich mit dem (Reiz-)Thema »Fleisch« begonnen habe, zeigt schon, welche hohe Bedeutung dem Fleisch-konsum (Eiweißfanatismus made in USA!) beigemessen wird. Es gibt nämlich, zum Erstaunen aller Fleischesser, noch andere, sich ergänzende und damit absolut vollwertige Energiequellen. An erster Stelle stehen Dinkel, Weizen, Hafer, Hirse und Grünkern. Reis (kühlt!) und Buchweizen (wärmt!) kommen an zweiter Stelle hinzu. *Voll-korn* heißt die Lösung. Am besten frisch in der eigenen Mühle gemahlen und verbacken oder als Brei kurz aufgekocht sowie über Nacht in Wasser gekeimt.

Es kommt, wie mein Kollege Josef Karl richtig schreibt, schon einer Kabarett-Nummer gleich, wenn das

Mehl, wunderbar blütenweiß bis zur niedrigsten Type aus-
gemahlen, dem Volk als Brot zu essen gegeben und alsdann
ein schwerer Vitaminmangel diagnostiziert und das fehlende Vitamin B isoliert in den Gesäßmuskel eingespritzt wird.
Natürlich leben davon Bäcker, Ärzte, Pharmakonzerne und
Apotheker, nur, wollen wir dieses Spiel denn auch wirklich
mitmachen?!

Vollkorn heißt nicht, daß man die Körner nur unge-
mahlen ißt, was eher schwer vertragen wird. Eine Getreide-
mühle und ein Sack biologisch angebauter Weizen bilden
das Herzstück einer Lebens- und Überlebensküche. Auch
brauchen wir den Hitzeprozeß (Backen und Kochen), da
dem Körper die Energien zur Aufspaltung des rohen Korns
heute meist fehlen. Das Einweichen von Körnern über
Nacht mag da eine Ausnahme bilden - je nachdem, wie es
der einzelne mit seinen persönlichen Verdauungskräften
verträgt.

Milchprodukte eignen sich am besten zur Eiweiß-
deckung, wobei immer zu bedenken ist, daß **weniger** und
langsamer sowie **gut gekaut** (ca. 30 bis 50 Kaubewegun-
gen pro Bissen) gegessen mehr wäre. Auch halte ich eine
Atmosphäre der Ruhe und Entspannung (ohne Radio, Fernsehen, Streßgespräche, Angst, Ärger . . .) für sehr wichtig.
Drei feste Mahlzeiten täglich und die letzte spätestens vor
18 Uhr bilden einen gesunden Rhythmus, der den Verdau-
ungsorganen wohl bekommt.

Frisches Gemüse, je nach Jahreszeit, sollte möglichst
roh bleiben (evtl. gerieben und gleich verzehrt) oder nur
leicht gedünstet werden. Dazu kaltgeschlagene Öle mit
hochungesättigten Fettsäuren, die zur Vitaminaufnahme unbedingt notwendig sind (Lein-, Weizenkeim-, Sonnenblu-
men-, Distel-, Olivenöl). Diese Öle *nach* dem Dünsten
dazugeben, denn erhitzte Fette sollten gemieden werden.

Kartoffeln in Maßen genießen, als Pellkartoffeln mit
Quark und Leinöl bevorzugen. Eier ebenso, d.h. ein bis

zwei pro Woche. Milch ist kein Getränk, sondern flüssige Nahrung und sollte sparsam genossen werden. Eindeutig bevorzugt sehe ich die *Schafsmilch* (danach die Ziegenmilch), die wegen ihrer *Heilstoffe* eine Sonderstellung einnimmt (die Milchschafhaltung sollte staatlich gefördert werden und den Kuhbestand zu einem Gutteil ersetzen!). Absolut gemieden werden sollte die H-Milch, weil sie fast ganz tot ist und den Namen "Lebensmittel" nicht verdient. Milch generell nie extra kochen.

Durch geschicktes Würzen - also nicht nur Salzen -wird die Verdauung gefördert und mancher Fleischfanatiker von der fleischlosen Vollwertküche überzeugt (Brecht-Gewürze aus dem Reformhaus).

Eine ausgewogene, lebendige Ernährung und ausreichend Bewegung an frischer Luft ermöglicht den entgiftenden täglichen Stuhlgang. Dann braucht man auch keine chemischen Hilfen, die immer mit einem gefährlichen Mineralstoffverlust einhergehen. Geregelte Ruhe- und Arbeitszeiten sowie der Schlaf vor 24 Uhr fördern das allgemeine Wohlbefinden.

5. Die Bewegung hat im Zeitalter des Dauersitzens (Büro, Auto, Bahn, Bus, Flugzeug, Fernsehen, Radio, Computer etc.) stark abgenommen. Die Zeiten, in denen die Menschen ihr reiches Mahl körperlich auch abarbeiteten, sind im wesentlichen vorbei. Der heutige Mensch hat sich geradezu zum Bewegungsmuffel entwickelt. Jugendliche verbringen immer mehr Freizeit vor dem Fernseher oder dem Computer. Die vielen Sportarten bilden sicherlich ein gutes Gegengewicht, können aber im Leistungssport zu Streß und Überforderung des jungen Körpers führen. Bewegung um der Freude willen, einfach mal ohne Preise oder Medaillen, das wäre doch auch etwas. Unsere leistungsbetonte Gesellschaft hat es in vielen Bereichen verlernt, wirklich spielerisch und freudig etwas zu tun.

Die tägliche Bewegung an frischer Luft, der Weg durch die Natur mit offenen Sinnen, dies schafft einen guten Ausgleich zu unserem bewegungsarmen Büroleben und beugt am besten dem weit verbreiteten Übergewicht mit all seinen Folgeerkrankungen vor. Über die Atmung wird frischer Sauerstoff ins Blut aufgenommen, Schlacken werden durch die Muskelarbeit über Lymphe und Blut abtransportiert. Unser vorwiegend abstraktes Denken braucht eine gesunde Erdung: Gartenarbeit an frischer Luft, ein Spaziergang oder Dauerlauf, Möglichkeiten gibt es viele. Wem dieser Ausgleich nicht wichtig genug ist, der hat auch keine Zeit dafür. Denn Zeitfragen sind immer Interessensfragen.

Zum Abschluß noch ein paar Anmerkungen zur Mundhygiene. Die übertriebene Mundhygiene mit Mundwasser und Chemie-Schaumbomben schadet mehr als sie nützt. Der Mundraum ist nun mal kein steriles Wesen, und wir tun gut daran, die natürlichen Mundbakterien nicht zu zerstören (gleiches gilt für den Darm: Symbioselenkung!). Besser dreimal täglich die Zähne putzen, zum Beispiel mit Parodontax, Weleda-Pflanzen- oder Solezahncreme und Meerfluanzahnsalz gelegentlich dazwischenschalten. Bürstenhärte: mittel bis weich, keine V-Borsten und keine Naturborsten, die sind nämlich hohl und speichern hervorragend Bakterien in ihren Haarröhrchen. Zahnkronen und -brücken sollten unbedingt mit der Oral-B-Superfloss Spezialzahnseide täglich abends gereinigt werden, denn was nützen die besten Gold-in- und -onlays, wenn darunter nach drei Jahren neue Karies gedeiht. Der Zahnarzt müßte dabei für die Zahnseide Freiräume zum Hindurchführen schaffen.

Noch ein kurzes Wort zum Thema Kosmetika. Die einzigen Produkte, die ich mit gutem Gewissen empfehlen kann, sind die der Firmen Weleda und Wala, insbesondere die Wala-Kosmetik nach Dr.Hauschka. Der geistige Hintergrund der Anthroposophie dürfte die Reinheit und ethische

Verantwortlichkeit der Produkte fast garantieren. Die allgemeine Kosmetik-Industrie ist durch die Verarbeitung von Tieren und menschlichen Embryonen sehr in Verruf geraten, wobei es schwierig sein dürfte, die "schwarzen Schafe" unter den vielen Firmen ausfindig zu machen.

Zum Schluß sei als einfache und kostengünstige Entgiftungsmaßnahme neben dem Fasten hier noch die »Ölspülkur« erwähnt, die in den letzten Jahren besonders durch Frau Dr. Karstens Zeitschrift »Natur und Medizin« gute Verbreitung gefunden hat. Dabei wird ein Schluck kaltgeschlagenes Sonnenblumenöl 15 bis 25 Minuten lang im Munde morgens (und eventuell auch abends) geschlürft, d.h. man spült dieses Öl mit kräftigen Backenbewegungen hin und her. Durch das Öl entsteht im Mundraum zur Schleimhaut hin ein osmotisches Druckgefälle, und es werden Giftstoffe aus der Schleimhaut in das Öl abgeschieden. Von russischen Wissenschaftlern ist dieser Prozeß eingehend untersucht und bewiesen worden. Das Öl darf auf keinen Fall geschluckt werden, sondern es muß nach 15 bis 25 Minuten ausgespuckt und der Mund gründlich mit Wasser nachgespült werden. Es empfiehlt sich, die Zähne gut zu putzen und die Zunge mit der Zahnbürste "zu schruppen", also den oft am Morgen vorhandenen Belag abzukratzen.

Ich selber habe einige positive Rückmeldungen von "Ölspülern" erhalten, von Zahnfleischverbesserungen bis hin zu Nebenhöhlen- und Mandelreinigungen. Frau Dr. Karstens hat in ihrer Zeitschrift viele Erfolgsberichte zu diesem Thema gesammelt. Man kann die Ölspülkur über einige Wochen und Monate unbedenklich fortsetzen. Der geringe finanzielle Aufwand ist dabei ein großes Plus.

Augenblicke . . .

Die wahrhaftige Gottesbegegnung kann für mich nie
außerhalb meines Wesens geschehen, sondern immer
nur in meinem Innersten, wo ER geistig gegenwärtig
ist. Äußeres kann und soll nur Vermittler, Gefäß sein,
um den Inhalt in sich zu erfahren.

Wann soll ich leben? Gestern und morgen, das waren
meine Fluchtwege, bloße Vorstellungen: Damals lebte ich
gut - oder: Morgen wird alles besser werden. Aber so lebte
ich nur in den Illusionen meines Denkens.

Nein, wenn ich erwache, spüre ich die Intensität des
Augenblicks, die *eine* nur existierende Wirklichkeit in der
absoluten Gegenwart. Es gibt nur dieses ewige Jetzt. Ich
kann nur jetzt Luft holen - nie für ein Gestern oder Morgen.
Dieser Moment des Ein- und Ausatmens, ja vielleicht der
Punkt, an dem sich der Einatmungsstrom in den Aus-
atmungsstrom verwandelt, genau da begegnet mir Lebens-
fülle. Scheinbar steht alles still an jenem Punkt des Wandels. Meinen Herzschlag spürend, bin ich durchdrungen
vom Unbenennbaren, Unfaßlichen und erfahre: ich bin
Leben.

Meine Distanz zum Leben ist aufgelöst, ich kann nicht
mehr nüchterner Betrachter sein, der aus der Ferne ein Objekt analysiert. Dann brauche ich nicht mehr *nach*zudenken,
ich bin schlicht und einfach gegenwärtig. So erwache ich
von Augenblick zu Augenblick stetig neu, denn Erwachen
führt zum ewigen *Wach-Sein*. Diese Wahrheit ist so beste-
chend einfach: Ich kann immer nur *jetzt* leben.

Jetzt kann ich neu beginnen, jetzt kann ich bewußt in
die Stille gehen, einem Menschen neu begegnen oder einen

neuen Weg mit dem ersten Schritt wagen. So werde ich der ewigen Gegenwart gewahr. Das ist ein Schritt in die schöpferische Freiheit. Nicht mehr zu fragen, was ich morgen tun werde, sondern was jetzt zu tun *ist*. Ist die Gegenwart liebevoll gelebt, ergibt sich daraus die "nächste Gegenwart", welche ich in meiner Vorstellung "morgen" nenne. Das eine erwächst aus dem anderen. Wie sollte der zweite Schritt - das Morgen - stimmen, wenn der erste nicht stimmt? *Verantworten* kann ich nur im Jetzt. Nur wo ich bin, wo ich mich im Sein ereigne, nur dort kann ich dem Leben antworten. Und dieses Leben stellt seine Fragen an mich: Fragen, die mich zum Leben führen wollen. Habe ich sie gehört, konnte ich horchen - gehorchen?

Die Fragen des Lebens wahrzunehmen, dies führt immer zu den Antworten des Lebens - macht lebendig! Arm ist der, der die Lebensfragen nie in sich aufgenommen - *ver-inner-licht* - hat. Denn diese Verinnerlichung würde ihm das *innere Licht* offenbaren, er würde Erleuchtung, das wärmende Licht der Liebe erfahren.

In manchen Augenblicken erkenne ich:

Es gibt nur einen Kampf: meinen Kampf in mir. Er dient der bewußten Erfahrung der Polarität in Seele und Leib. Ich kämpfe immer gegen einen Teil von mir. Nie ist es in Wirklichkeit etwas außerhalb von mir, denn alles "Außerhalb" und "Nicht-Ich" ist Illusion. Das, was auch immer ich wahrnehme, das bin ich im Sinne einer Spiegelung: *Ich* spiegele mich in der Welt.

Nun taucht die Frage auf: *Wie* nehme ich wahr, *wie* gehe ich mit der Wahrnehmung um? Dieses »Wie« widerspiegelt meine Denkmuster, meine Maßstäbe von Gut und Böse. Ich sehe Freund oder Feind, sage ja oder nein. Ich spalte die Welt mit meinen Vorstellungen, mit meiner Sehnsucht, alles richtig machen zu wollen. Dabei spalte ich mich selber und am Ende Gott in Licht und Finsternis. Ich aber *bin* die Welt, die ich sehe, und ich *bin so*, wie ich sie sehe: gespalten.

Ich spiele den Guten, den Gerechten, den Inquisitor "von Gottes Gnaden" und schicke Menschen in den Tod: mit Gedanken, Gefühlen, Worten und Taten. Warum? Weil ich sie für Teufel halte. Denn der Teufel, der Irrtum und die Finsternis, das sind immer die anderen, so glaube ich.

Bis ich blicke in die Augen der Finsternis: der Diktator, der Tyrann, der Lügner und Verleumder in mir.

Ich kämpfe einen aussichtslosen Kampf, der allein in die eigene Zerstörung führen kann. Ich kapituliere. Ich möchte meine dunklen Brüder in mir annehmen, sie nicht mehr bewerten, verdrängen und verfluchen, denn kämpfte ich weiter, ich würde einen Teil von mir abspalten und umbringen müssen.

Ich blicke in die Augen der Finsternis, und ein kleiner Lichtstrahl dringt aus dem tiefsten Schwarz zu mir und spricht: Leben ist anders als all deine Vorstellungen. Wer Bedingungen stellt, lebt nur bedingt. Wer alles zerteilt, der ist zerrissen. Gib dein bewußtes Ja zum Sein und erfahre Be-wußt-sein! Du darfst den polaren Rhythmus des Stirb-und-Werde immer wieder an und in dir erfahren, um zu erkennen, daß es nur *Sein* gibt. Jenes Stirb stellt nur die Geburt in ein noch größeres Sein dar. Der Tod ist ein Teil des Lebensprinzips, ein Akt der Gnade, um die Seele aus der Illusion der Polarität zu befreien. Dann wirst du in dir erlösende Freiheit erfahren: die *Gleich-gültig-keit* beider Pole und das Geheimnis der Einheit: Liebe.

Ich und die Welt

Das analysierende Denken polarisiert in Ich und Nicht-Ich, in Ich und die Welt. In dieser Welt erlebe ich mich entweder als kleines Sandkorn, das in der Welt enthalten ist und nicht aus ihr herausfallen kann, oder ich erfahre die Welt in mir und erkenne, wie sie sich in mir abbildet und ich sie in mir trage. Orte, die ich aufgesucht habe, menschliche Begegnungen und Schicksalserfahrungen: Alles, was ich erlebt habe, bildet sich in meiner Seele ab, liegt dort abrufbar wie in einem Filmarchiv. Dieses Archiv bezeugt, daß ich in Beziehung zur Welt getreten bin und Lebensprozesse durchlaufen habe. All das ist ein Teil von mir, ich bin mit dieser Welt eins. Genauer: Ich bin mit *meiner* Welt eins, eben mit der Welt, die ich auf meine individuelle Weise erfahren habe. Und so, *wie* ich sie erlebe, so bin ich.

Ich trete als Geist-Seele-Wesen mit meinem persönlichen, einmaligen Schwingungsmuster in Beziehung zur Welt. Aufgrund meiner gemachten Erfahrungen, meiner Einprägungen, Denk- und Fühlprogramme reagiere ich auf alles Seiende in der meinem Inneren entsprechenden Weise. An diesen Reaktionen kann ich ein gutes Stück weit erkennen, was in mir steckt. Fanatische Ablehnung wie auch Befürwortung im Sinne von »kämpfen gegen oder für etwas« verdeutlichen meine momentane Thematik, meinen Lernprozeß. Dies ist der Bereich der Polarität, der bewußtseinsmäßigen Spaltung.

In der Meditation versuche ich, Aussöhnung mit dem zu erlangen, was mir *fehlt*: mein *Fehlendes*, mein *Fehler*. Denn immer bin *ich* es, dem etwas fehlt, wenn doch *ich* Fehlerhaftes entdecke. Bis ich beide Pole gleich gültig sein lassen kann. Gleichgültigkeit im tieferen Sinne der Einheit meint *Ge-lassen-heit* gegenüber der polaren, gespaltenen Wahrnehmungsweise. Ich spreche bewußt nur von »Wahrnehmungsweise«, denn können wir mit letzter Bestimmtheit wissen, ob die Welt in ihrem Sein wirklich polar ist? Ob Ich und Nicht-Ich nicht vielleicht eine Illusion sind?!

Ich bin so, wie ich die Welt als Spiegel meines Inneren erlebe. Anfang und Endpunkt meines Fühlens, Denkens, Wollens und Handelns liegen in mir. Daraus folgt, daß nur in mir etwas geschehen kann und muß, wenn ich ein Phänomen der Welt als "verbesserungsbedürftig" zu erkennen meine. Erst, wenn ich in meiner ewigen Mitte, dem Punkt der Vereinigung der wahrgenommenen Gegensätze, *bin*, erst dann kann fruchtbares Handeln aus dem Bewußtsein der Einheit heraus geschehen. Erst dann offenbart sich das, was nicht machbar ist: Liebe. Und diese Liebe handelt weise im Einklang mit dem Leben, indem sie einfach *ist*. Sie braucht nicht zu kämpfen, sondern sie ist einfach da.

Das *Sein*, das BEWUSST-SEIN, ist die Lösung. Jegliches daraus entspringende Handeln stellt nur den Schatten des unsichtbaren Geschehens dar, das ich hier *Sein* nenne. Unser aller Chance liegt im *Sein*. Wir mögen suchen, wo wir wollen, das große Geheimnis liegt in uns - ja, wir *sind* es: *Sein*. *Sein* zu erfahren, gewahr zu sein, das ist es. Meine Worte enden hier, wo das Sein sprechen möchte. Sie versuchen als Gefäße zu fassen, was nie faßbar sein wird.

Ich bin Sein.

Bin Sein.

Sein.

- .

Die Bibel

Der Mensch lebt nicht vom Brot allein,
sondern von einem jeden Wort,
das aus dem Munde Gottes geht.
(Jesus in Matth. 4,4 über 5. Mose 8,3)

Die Bibel ist mir zu einer Quelle der Inspiration geworden. Liebe und Weisheit sind in ihr reichhaltig vorhanden - trotz kirchenpolitischer Schatten, die auf dieses "Buch der Bücher" in den Jahrhunderten gefallen sind. Wer suchet, der findet, ob nun im AT, in den Psalmen oder im NT, überall begegnen uns Menschen in ihrer Beziehung zu Gott. Ich denke zum Beispiel an Hiob, Daniel und David, an ihr Festhalten an Gott in den Höhen und Tiefen ihrer Existenz. Alles, was in der Bibel berichtet wird, kann ich in mir finden. Dann wird die Bibel lebendig, sie bleibt nicht mehr bloße Geschichte, Historie, sondern sie nimmt in mir Gestalt an und wird zum Wegweiser in der Not.

Schaue ich mir das Hohelied Salomos an, so entdecke ich wunderbare Gedanken und Gefühle zum Thema »Liebe«, zur Beziehung zwischen *Freund und Freundin*. In schweren Schicksalsstunden können uns solche Verse wieder die Augen öffnen für die eine Wahrheit: Es gibt nur Liebe! Dann beginne ich Wahrheit zu fühlen, tief in mir zu empfinden, dann werde ich selber wesentlich und wahrhaftig.

Geistiges möchte uns in vielen, vielen Versen der Bibel begegnen, sehr Menschliches mischt sich darunter, weil auch eben dies seine Wirklichkeit in unserem Erfahrungsbereich hat. All dies in sich ehrlich zu entdecken führt zu innerem Reichtum, und der bewirkt Frieden. Darum ist mir die Bibel wichtig geworden. Ich brauche das lebendige Wort Gottes in mir. In meinem Wesen möchte es Gestalt annehmen, was nicht heißt, daß ich alles Gelesene gleich mit meinem Kopf verstehen muß. Das Wort darf als Same in mich hineinfallen und wird zur rechten Zeit Frucht bringen. Das braucht Vertrauen und Geduld, was dem Kopf nur allzu schwerfällt. Er möchte sofort mit seinem dualistischen Denken durchschauen, das Gelesene in Schubladen tun, es als Gewinn verbuchen. Wenn ich dann rufe "HERR, HERR, mach mir auf!", wird die Liebe mich nicht kennen, denn ich bin ihr nie in meinem Herzen begegnet.

Mit dem Lesen der Bibel beginnt solch ein Weg. Stilles Nachsinnen, Nachempfinden und wahrhaftiges Handeln in der Welt folgen daraus. Dann kann ich Gott für SEIN Wort, das auch mich erschaffen hat (ich bin ein Wort aus SEINEM Munde!), von ganzem Herzen danken. Es entsteht eine Beziehung zu Gott, zu Jesus Christus.

Mir persönlich sagt die Übersetzung von Dr. Martin Luther am meisten zu. Ich meine, hier ist ihm ein "sprachliches Wunder" geschenkt worden. Man vergleiche nur einmal den 23.Psalm in der Luther-Übersetzung und in der Übersetzung ins "heutige Deutsch".

Empfehlen kann ich eine Konkordanzbibel, das heißt eine Bibel, in der hinten ein Stichwortregister mit Bibelstellen vorhanden ist. Das erleichtert das Auffinden bestimmter Stellen sehr. Dazu kann man sich ein Greifregister an die Buchseiten zu Beginn der verschiedenen Kapitel kleben, um leichter gesuchte Bereiche finden und aufschlagen zu können (alles über christliche Buchhandlungen oder Verlage erhältlich!).

Untergang heißt Wandlung

Immer mehr Menschen fragen nach den Überlebenschancen auf unserem Planeten Erde. Haben wir noch Zukunft angesichts der eskalierenden Umweltverschmutzung, Überbevölkerung, Völkerwanderung, Nord-Süd-Spannungen und der vielen kriegerischen Auseinandersetzungen? Erfüllen sich nicht die düsteren Untergangs-Prophezeiungen vieler Seher oder gar die Johannes-Apokalypse der Bibel?

Wir können heute erkennen: Alte, starre Formen beginnen sich aufzulösen (Ost-West-Block-Denken, das Ende der "DDR"). Der einzelne Mensch geht zunehmend auf die Suche nach einem sinnerfüllten Leben. Alles befindet sich in Bewegung. Auf vielen Ebenen erkennen mehr und mehr Menschen die Notwendigkeit des Wandels hin zu einem neuen, liebevolleren und verantwortungsbewußteren Denken, Empfinden und Handeln. Daß es bei diesem Prozeß zu starken Polarisierungen, nämlich entgegengesetzten Meinungsäußerungen kommt, ist nur allzu natürlich. Manche Seele möchte am Althergebrachten angstvoll festhalten und den Sprung in das Wir-Bewußtsein, das keinen Platz für ein Freund-Feind-Denken hat, nicht wagen. Andere möchten vorstürmen und neue Lebensformen in Kleingruppen ausprobieren, ohne genau zu wissen, wie dies praktisch umzusetzen ist. Dabei verlieren sie möglicherweise die Verbindung zur alten Welt und verfallen in fanatische Auserwähltseingedanken.

Ich sehe alle diese Bemühungen und spannungsreichen Kämpfe im Zeichen eines sich jetzt immer intensiver vollziehenden Wandels, der einzig und allein eine Bewußtseinserweiterung des Menschen herbeiführen soll und wird. Natürlich, der einzelne ist frei, sich diesem Wandel anzuvertrauen. Dieser Bewußtseinswandel vollzieht sich im

Schicksal der Seele, eng verwoben mit dem Schicksal der ganzen Menschheit. Wir haben heute eine enorme Energie-Einstrahlung hier auf Erden, die alle Prozesse beschleunigt und buchstäblich auf die Spitze treibt. Alte Fehlhaltungen müssen schnell in Teil-Untergängen überwunden werden, da die bewußtseinsmäßige "Abschlußprüfung" immer näher rückt. Nur bleibt es für mich zunächst eine offene Frage, auf welchen Ebenen die Lernprozesse des einzelnen wie die der gesamten Menschheit ablaufen werden. Welche *notwendigen* Hilfen die Seele braucht, dies hängt immer von ihrem Bewußtseinsgrad beziehungsweise dem Willen zur Liebe ab. Es läßt sich insofern nicht eindeutig sagen, ob wir einen dritten Weltkrieg mit Panzern und Raketen für unseren Lernprozeß brauchen oder ob sich dieser Weltkrieg ganz oder teilweise "nur" auf der seelischen Ebene verwirklichen wird. Viele Menschen erleben die Welt ja heute schon als kriegerisches Gruselkabinett, in dem sie von Gewalt jeder Art überflutet werden.

So sollten wir die Johannes-Offenbarung der Bibel im Rahmen endzeitlichen Gedankengutes sicherlich nur mit aller Vorsicht auf ganz verschiedenen Ebenen betrachten. Angst wird dabei immer ein schlechter Ratgeber sein, denn nur aus der Ruhe der inneren Mitte - aus der persönlichen Erfahrung und Glaubensvision heraus, daß SEIN Reich nicht von dieser irrtumsvollen Welt ist - besteht die Chance, im Sein der ewigen Gegenwart anzukommen und das Spiel der irdischen Täuschung, den Irrtum Luzifers, mit liebendem Herzen zu durchschauen (zu durchfühlen!). Die Gegenwart, das Bewußtsein der Zeitlosigkeit und vollkommenen Einheit, dies ist der Schlüssel zur schöpferischen Freiheit, die sich nicht mehr durch überlieferte Zukunftsvisionen beeindrucken und manipulieren läßt. Wer an die Lösung seiner Probleme durch den großen endzeitlichen "Knall" glaubt (wobei er natürlich diesen "Knall" zu überleben glaubt), der befindet sich schlichtweg auf einem gefährlichen Irrweg. Angst und Täuschung führen meist zu einer sinnlosen Überaktivität im Sinne von Absicherungsmaßnahmen (Bunkerbau und maßlose Vorratshaltung) und zugleich zu einer Lähmung im Bereich des zwischenmenschlichen Austauschs. Die Haltung "Es lohnt ja doch nicht mehr . . ." zeugt von resignierender Hoffnungslosigkeit und beginnendem seelischem Absterben. Dann wird das berühmte Apfelbäumchen nicht mehr gepflanzt, denn man glaubt nicht mehr an die fruchtbringende Ernte. So kann die Seele Jahre und Jahrzehnte in einer hoffnungslosen Wartehaltung verbringen und wie das Kaninchen vor der Schlange sitzen, wobei sich die "Schlange" auch als pure Einbildung herausstellen kann. So etwas kann zu einem suchthaften Verhalten werden und bedarf therapeutischer Hilfe.

Jeder Untergang stellt einen lebensfördernden Wandel dar, denn untergehen kann immer nur das, was den ewigen Lebensgesetzen nicht genügt. Scheinbare Zerstörung und Vernichtung führt im Seelisch-Geistigen sowie auch im Materiellen zur schöpferischen Wandlung. Was zählt ist die Erfahrung an sich. Denn der Bewußtseinsprozeß ist für uns Menschen an die äußere Erfahrung in dieser Welt gebunden. Wir brauchen dieses irdische Spiel, um zum Erwachen zu gelangen. Dieses Erwachen aber ereignet sich immer nur in einem Augenblick der absoluten Gegenwart. Dort anzukommen heißt, "Zukunft" zu haben. Denn es gibt nur ein Unfaßbares, das sich in dieser Gegenwart in uns offenbaren möchte: Liebe. Wer sie in ihren Tiefen erfährt, der ist frei. Er hat mehr als alles *Not-wendige* erfüllt, denn er ist erfüllt von barmherziger Liebe.

Buchempfehlungen

Im LIER-VERLAG sind folgende Bücher **direkt** erhältlich. Sie können aber auch über den allgemeinen Buchhandel bezogen werden:
Bücher von *Reinhard Lier*:
»Wenn du Vergebung suchst - Schicksal einer abgetriebenen Seele nach einer wahren Begebenheit«
Ab 1993 als Neufassung unter dem Titel
»Abtreibung und Reinkarnation - ein Beispiel«

»If you seek forgiveness« obiger Titel in engl. Sprache

»Abschied und Ankunft - Gedanken zur seelischen Betreuung Sterbender im Geiste Jesu Christi«
Ab 1993 in einer erweiterten Neufassung unter dem Titel
»Sterben im Zeichen der Wandlung - Gedanken zur seelischen Betreuung Sterbender und zum Leben im Jenseits«

»Höre die Stimme der Stille« Ein Meditationsbuch über Engel in Wort und Bild (33 Monochrom-Fotographien)

»Wenn ich dich suche« Gedichte der Liebe (Bildband mit 34 Monochrom-Fotographien)

»Augenblicke des Erwachens - Wahrnehmungen auf dem Weg in die Liebe« als Buch oder gekürzt auf 3x C-90-Kassetten

---

Klaus-Dieter Nassall
»Ganzheitliche Therapie - Ein Informations- und Therapie-Begleitbuch«
»America Latina - Verlorene Wurzeln«

Ulla Frank
»Was passiert, wenn ich sterbe? - Ein Aufruf zum Leben
für Leser jeder Altersgruppe«

Ernst F.Bieber
»Sehnsucht hinter Gittern - Gefühle, Gedanken, Gedichte
eines Strafgefangenen«

»Krankheit als Sprache der Seele« von Rüdiger Dahlke;
die Fortsetzung von »Krankheit als Weg« (Hardcover)

»Okkultismus - Der Esoterik-Boom: Ursachen, Gefahren,
Chancen« von Margit und Rüdiger Dahlke; ein guter
Überblick über die verschiedenen esoterischen Erscheinun-
gen auf ca. 200 Seiten (Paperback)

Über den neuesten Stand des Verlagsangebots bitte den aktuellen
Prospekt anfordern! Adresse auf Seite 4 !

Das Buch dient als Medium der Meinungsmitteilung und
hat trotz der vielen technischen Entwicklungen in der Me-
dienwelt seinen Platz behaupten können. Ich empfehle hier
Bücher, die viele in meinem Buch nur angedeutete Bereiche
vertiefen und wertvolle Hilfen auf dem Weg der Individuation sein können. Was für den einen völliges Neuland
darstellt, ist für den anderen vertrautes Terrain. Ein jeder
nimmt die Welt auf seine Weise wahr und empfindet diese
oder jene geistige Nahrung als lebensnotwendig oder völlig
überflüssig, ja sogar als schädlich. Insofern wollen meine
Empfehlungen nur auf Bücher aufmerksam machen, die *mir*
wertvolle Impulse für meinen Weg gegeben haben. Ein
jeder möge seine, ihm bekömmliche "Bücher-Nahrung" finden und vor allem die eigene gelebte Erfahrung fördern und
vertiefen. Denn Bücher können immer nur Fingerzeige auf
dem Weg sein - *gehen* müssen wir alle selber.

Hier nun weitere Buchempfehlungen (**nur** über den allgemeinen Buchhandel erhältlich):

»**Schicksal als Chance**« von Thorwald Dethlefsen, ist immer noch eine der besten Einführungen in die Esoterik, um ganzheitliches Grundwissen in der Sprache unserer wissenschaftsorientierten Zeit zu vermitteln. (Hardc./Paperb.)

»**Krankheit als Weg** - Deutung und Bedeutung der Krankheitsbilder« von Dethlefsen/Dahlke (Hardc. und Paperback)

»**Seher, Grübler, Enthusiasten** - Das Buch der traditionellen Sekten und religiösen Sonderbewegungen« von Kurt Hutten; dieses Standardwerk vermittelt einen guten, einfühlsam und zugleich nüchtern geschriebenen Überblick zur Entstehungsgeschichte vieler Geistesrichtungen. Es ist ziemlich umfangreich (ca. 900 Seiten) und kostet ungefähr 90.- DM (Hardcover)

Bücher von Anne Wilson Schaef
»**Die Flucht vor der Nähe**«
»**Weibliche Wirklichkeit**«
»**Im Zeitalter der Sucht**«
»**Co-Abhängigkeit**«
Diese vier Bücher mit dem Schwerpunkt »Sucht« kann ich jedem Therapeuten und suchtmäßig Betroffenen ans Herz legen, da hier in faßbarer und demaskierender Weise der tödliche Suchtprozeß unserer Gesellschaft beschrieben ist.

»**Von mir aus nennt es Wahnsinn** - Protokoll einer Heilung« von Jacqueline C. Lair und Dr. Walther H. Lechler
Ein wichtiges Buch zur Suchttherapie. Die Konfrontation mit den eigenen, unterdrückten Gefühlen durch Herausschreien des angestauten Gefühlpotentials und das bewußte

Erfahren körperlich-seelischer Nähe (»Bonding«). (Hardcover)

»Kleriker - Psychogramm eines Ideals« von Eugen Drewermann. Mögen Drewermanns Ansichten über die jungfräuliche Geburt Marias auch noch so unterschiedlich bewertet werden können, an seiner ehrlichen Auseinandersetzung mit den massiven Schwachpunkten der katholischen Kirche kommt der Suchende unserer Tage nicht vorbei. Wen die drei Gelübde *Gehorsam*, *Armut*, und *Keuschheit* als persönliche Lebensthematik beschäftigen, der sollte nach den kirchlich-dogmatischen Wurzeln in sich forschen. Auf 900 Seiten hat Drewermann insbesondere die Schwachstelle »Sexualität« nüchtern und deutlich unter die Lupe genommen und versucht, zu konstruktiven Reformmöglichkeiten hinzuführen. (Hardcover und Paperback)

»In der Liebesglut Gottes - Erlebnisse und Einsichten über das Zusammenspiel von Liebe und Sexualität« von Carl Welkisch

»Rußland zwischen Troika und Perestroika« von Dr. Hans-Friedrich Luchterhandt; ein aufschlußreiches Buch über die Religiosität Rußlands und das Phänomen »Kommunismus«; 68 Seiten, kartoniert

»Fünfzig Jahre Reichskristallnacht - und was nun?« von Dr. Hans-Friedrich Luchterhandt; zur Problematik der Aufarbeitung des NS-Staates, des »seelischen Erbes« der Nachkriegsgenerationen; 104 Seiten, kartoniert. Beide Bücher sind direkt und *kostenlos* beim Autor, Egenhofenstr. 37 e, D- 8033 Planegg, erhältlich.

»Die Bibel«

Über den Autor

Reinhard Lier, Jahrgang 1960, stammt aus Bad Sachsa am Süd-Harz. 1980 Abitur in Itzehoe, Schleswig-Holstein. Ein Sohn (Jahrgang 85) und eine Tochter (Jahrgang 86) aus erster Ehe, die beide beim Vater leben. Von 1982 bis 1985 dreijährige Ausbildung an der Norddeutschen Heilpraktiker Fachschule D.H.e.V. in Hamburg. Seit 1987 Vortragsreisen von Hamburg bis Wien und Südtirol. Die Tätigkeit verlagerte sich mehr und mehr in den Bereich der christozentrischen Psychotherapie.

1990 zehnmonatige Gruppenerfahrung auf dem Lande. Anfang 1991 Ausstieg aus der Gruppe, eine Reise nach Israel sowie eine achtmonatige Neuorientierungsphase, bis es im Dezember 91 zum Umzug nach Gaggenau-Freiolsheim kam, wo dieses Buch aufgrund der einschneidenden Erfahrungen in den vergangenen Jahren geschrieben wurde.

Wegen der bisherigen schriftstellerischen Arbeit (seit 1987) wurde der LIER-VERLAG im Frühjahr 1992 gegründet, um diesem Bereich einen geordneten und unabhängigen Rahmen zu geben.

In der in Freiolsheim bestehenden Praxis werden christozentrische Psychotherapie, biologische Immunisierung (mit Schwerpunkt *Sanum-Kehlbeck*) und eine Vielfalt von Naturheilverfahren durchgeführt. Weiterhin sind Kurse in Meditation und Vorträge zu verschiedensten geistigen Themen geplant (bei mindestens 40 Teilnehmern auch vor Ort innerhalb Deutschlands). Anfragen diesbezüglich bitte direkt an den Autor richten.

Anhang

Quellennachweis:
A1 Lechler & Lair, »Von mir aus nennt es Wahnsinn«
A2 Drewermann, »Kleriker - Psychogramm eines Ideals«
A3 Welkisch, »In der Liebesglut Gottes« (1987)
A4 Rohr & Ebert, »Das Enneagramm« 10. Aufl., Seite 170

Zeichnungen: Reinhard Lier

Für Bibelzitate wurde die Übersetzung nach Dr. Martin Luther in der Fassung von 1952 und 1984, Deutsche Bibelgesellschaft Stuttgart, genommen.

Alle Zitate von Laotse aus:
Laotse, »Tao Te King« von Rudolf Backofen